Burgkirche Rankweil

Land und Leute

Vorarlberg ist wegen seiner landschaftlichen Vielseitigkeit geradezu ein Musterland für den Fremdenverkehr geworden. Auf engstem Raum bietet es alle Landschaftstypen: Ebenen im *Rheintal* und *Walgau,* Mittelgebirge mit Matten und Wäldern im *Bregenzerwald* und das Hochgebirge mit schönen Tälern (*Brandnertal, Groß-* und *Kleinwalsertal, Klostertal, Laternsertal* und *Montafon*).

Hotels, Gasthöfe, Pensionen und Privatunterkünfte mit einer Gesamtbettenzahl von ca. 75 000 bereiten dem Gast einen schönen Ferienaufenthalt.

Grundkapital des Fremdenverkehrs ist aber das gemeinsame Bestreben aller zuständigen Stellen, die Landschaft in ihrer ursprünglichen Form zu erhalten. Das Land Vorarlberg ist in allen Umwelt- und Naturschutzfragen Österreichs Vorreiter. Es wurden zahlreiche Naturschutzgebiete (s. S. 4) geschaffen, die das Landschaftsbild bewahren und vor allem die Alpenpflanzen schützen sollen. 500 m breite Uferstreifen an allen Seen wurden zu „Schutzgürteln" erklärt.

Lage, Größe, Verwaltung

Vorarlberg ist das westlichste Bundesland Österreichs. Liebevoll wird das „Land vor dem Arlberg" kurz „das Ländle" genannt. Es ist Österreichs einziger alemannischer Siedlungsraum. Flächenmäßig ist Vorarlberg – nach Wien – das zweitkleinste Bundesland mit nur 2601 km². Auf ihnen leben ca. 340 000 Einwohner.

Vorarlberg bildet eine historisch-geographische Einheit mit größtenteils natürlichen Grenzen vom Allgäu bis zum Rhein. Neben dem österreichischen Bundesland Tirol sind Deutschland, die Schweiz und das Fürstentum Liechtenstein die Nachbarländer. Eine Besonderheit stellt das nur von deutscher Seite her zugängliche Kleinwalsertal dar. Seit 1891 gehört es zum deutschen Zoll- und Währungsgebiet.

Vorarlberg ist in vier Bezirke eingeteilt: *Bregenz, Bludenz, Dornbirn* und *Feldkirch.* Bregenz ist die Landeshauptstadt. Das Wappen Vorarlbergs zeigt die Kriegsfahne der Grafen von Montfort.

Landesnatur

Um das vielseitige „Ländle" beschreiben zu können, muß man es in einzelne Regionen aufteilen (s. „Feriengebiete", S. 17). Das Bodenseegebiet wird vom Höhenrücken des *Pfänder* beherrscht und von den Mündungen der *Bregenzer Ache* und des sogenannten *„Alten"* wie des *„Neuen" Rhein*. Der *Rhein* bildet die westliche Grenze Vorarlbergs, seine „Talschaft" zwischen *Feldkirch* und *Bregenz* ist dicht besiedelt; einzelne Höhen ragen wie Inseln aus der Ebene empor. Diese Ebene setzt sich – nur durch den *Illdurchbruch* bei Feldkirch aufgehalten – im *Walgau*

Das Wappen Vorarlbergs

mit seinen hübschen Siedlungen fort. Die vier großen Städte *Bregenz, Dornbirn, Feldkirch* und *Bludenz* liegen in diesen beiden Haupttälern. Die beiden größten Bergtäler sind das *Klein-* und das *Großwalsertal*. Sie sind durch hohe Bergkämme getrennt, beide ursprünglich von Walsern besiedelt, aber in ihrer landschaftlichen Eigenart sehr verschieden.

Von *Bludenz* bis zum Fuß des *Arlberg-* und *Flexenpasses* erstreckt sich das *Klostertal,* durch das die Arlbergstraße und die Arlbergbahn führen. Dieses enge Tal leitet über zu den Hochgebirgsdörfern im Arlberggebiet, das zu einem großen Teil zu Vorarlberg gehört: *Stuben, Zürs* und *Lech*.

Der *Arlbergpaß* ist zugleich geographische wie historische Grenze des Landes gegen Osten. Unterhalb des hochgelegenen Dorfes *Warth* am *Hochtannberg* beginnt der *Bregenzerwald,* ein Ausläufer der Alpen. Man kann ihn als „ein Land ganz für sich" bezeichnen, was Brauchtum, Wirtschaft und Landwirtschaft angeht. Vom Hochtannberg ab wird der „Wald" von der *Bregenzer Ache* durchflossen. Zahlreiche Nebenflüsse zwängen sich durch tiefe, enge Schluchten, so die *Subersach* und die *Bolgenach*. Sie fließen vom *Ifen* herab, einem der eigenartigsten Bergmassive der Alpen, mit steilen Wänden und einer stark zerklüfteten Hochfläche. Die in Schwarzach bei Dornbirn beginnende *Bregenzerwaldstraße* erschließt das Waldgebiet, zusammen mit zahlreichen Nebenstraßen, recht gut. Zum Oberland gehört das herbe *Laternsertal* mit dem Übergang über das *Furkajoch* in das schneereiche *Damülsertal. Mittagspitze* und *Kanisfluh* sind Wahrzeichen des *Bregenzerwaldes*.

Unter den Felsrinnen des *Rätikongebirges* liegen die Südtäler des *Walgaus. Schesaplana, Drusenfluh, Drei Türme* und *Zimba* sind die gewaltigsten Gipfel des an die Schweiz grenzenden Rätikon. Dazu kommen die Berge an der oberen *Ill* im reizvollen *Montafon*. Hier ist die Silvrettagruppe mit ihren Gletschern durch die private *Silvretta-Hochalpenstraße* erschlossen worden. Mittels Stauwehr-Anlagen wird das Vorarlberger „weiße Gold" (Stromenergie) gewonnen.

Der höchste Berg des Landes ist der 3312 m hohe *Piz Buin* in der Silvrettagruppe, der tiefste Punkt – etwa 396 m – liegt bei den Landzungen *Rheinspitz* und *Rohrspitz,* nahe der Mündung des Alten Rhein in den Bodensee.

Naturschutzgebiete

Als österreichischer Vorreiter hat man in Vorarlberg insgesamt 36 Natur-, Landschafts- und Pflanzenschutzgebiete ausgewiesen. Sie umfassen hauptsächlich die *Alpenregion,* aber auch *Rheinholz* und *Rohrspitz* in der Nähe der Rheinmündung. Vergleichbare Gebiete gibt es in Österreich nur noch am Neusiedler See im Burgenland.

An der *Silvretta-Hochalpenstraße* ist auf einem Streifen von 200 m beiderseits der Paßstraße das Pflücken von Alpenblumen verboten. Das *Rellstal* bei Tschaggungs und die Umgebung des herrlichen *Lünersees* an der *Schesaplana* sind ebenso geschützt wie der *Nenzinger Himmel,* der *Muttersberg* bei Bludenz, der *Körbersee,* das *Hochifengebiet* im *Kleinwalsertal,* die *Bazora* bei Frastanz, das Gemeindegebiet um *Sonntag* im *Großwalsertal* und oberhalb von *Damüls* das Gebiet um *Furkajoch-Alpe Portla* sowie *Neuburg* bei Koblach am Kummenberg und *Matschiels-Bangs* bei Feldkirch.

POLYGLOTT-REISEFÜHRER

Vorarlberg

Mit 18 Illustrationen sowie 19 Karten und Plänen

ALLGEMEINES

STADTBESCHREIBUNGEN

ROUTENBESCHREIBUNGEN

POLYGLOTT-VERLAG
MÜNCHEN

Herausgegeben von der Polyglott-Redaktion
Verfasser: Erich Günther
Illustrationen: J. Fábián, H. Bogner, W. Döhler
Karten und Pläne: Franz Huber, Gert Oberländer,
Karl Rothballer, Veronika Hummel und
Polyglott-Kartographie (Umschlagkarte)
Umschlaggestaltung: Christa Manner, München
Fotograf: Bernd Ducke / Superbild

*

Wir danken dem Vorarlberg Tourismus, Bregenz,
und der Liechtensteinischen Fremdenverkehrszentrale, Vaduz,
für die uns bereitwillig gewährte Unterstützung.

Ergänzende Anregungen, für die wir jederzeit dankbar sind,
bitten wir zu richten an:
Polyglott-Verlag, Redaktion, Postfach 40 11 20, 8000 München 40.

Alle Angaben wurden sorgfältig geprüft. Dennoch kann eine Gewähr
für Vollständigkeit und Richtigkeit nicht übernommen werden.

*

Zeichenerklärung:

❶ Information
Eisenbahnverbindungen Autobusverbindungen
Bergbahn Öffnungszeiten
L Luxushotels Erstklassige Hotels
Gute Hotels Einfache Hotels und Pensionen
Jugendherbergen Campingplätze

Die in eckigen Klammern stehenden Ziffern decken sich mit den auf den
Plänen eingezeichneten Ziffern.

Kilometerangaben hinter Ortsnamen zeigen die Entfernung vom Beginn der
jeweiligen Route aus an.

Farbige Ziffern am Seitenrand weisen auf die Routennummern hin.

*

Komplett aktualisierte Auflage 1992/93
Redaktionsschluß: Dezember 1991

Printed in Germany / Druckhaus Langenscheidt, Berlin / W. IV. Eu. / XIII.
ISBN 3-493-60811-X

Streng geschützt sind von den Alpenpflanzen Edelweiß, Frauenschuh, Türkenbund, Siegwurz, Edelraute, Alpenmannstreu, Feuerlilie und Zirbelchen, Schneerose, Brunellen oder Brändele, Hirschzunge, Schneeglöckchen und Alpenrose.

Klima

In Vorarlberg wie am Nordrand der Alpen überhaupt gehören häufige Südwestwinde zur Regel. Sie bringen über das ganze Jahr verteilt Niederschläge, die jedoch je nach Lage im Tal und auf der Paßhöhe stark unterschiedlich sind. So fällt im Jahresmittel in *Bregenz* rund 1300 mm Niederschlag, während z. B. *Schröcken* im oberen Bregenzerwald 2027 mm verzeichnet.

Die Sommer sind kurz und kühl. Es vergeht kaum ein Sommer, in dem nicht plötzliche Temperaturrückgänge bis knapp oberhalb des Gefrierpunktes auftreten. Dadurch wird die sog. Schneeflucht ausgelöst, das rasche kurzfristige Abziehen des Alpviehes von den plötzlich verschneiten Hochalpen in die niedrigeren Weidegebiete.

Der Föhn wirkt sich besonders in den „Föhngassen" der Süd-Nordtäler aus. Kurz vor dem Föhnwetter fällt das Barometer stark, man hat den Eindruck, das Gebirge tritt plastischer vor den tiefblauen Himmel. Der warme Föhnwind ist als „Schneefresser" bekannt. Im Anschluß an einen Föhntag gibt es meist Regenschauer.

Bevölkerung

Die Vorarlberger sind als einzige Österreicher nicht bajuwarischer, sondern alemannischer Herkunft. In grauer Vorzeit war das Gebiet nach außen hin nahezu abgeschlossen. 200 v. Chr. gab es Bergbau, Alpwirtschaft und Handel unter rätischer Besiedlung, an die noch heute einige Orts- und Flurnamen im Montafon erinnern. Unter römischer Herrschaft wurde die Provinz Raetien in die Raetia Prima und Raetia Secunda geteilt; dies begründete die historische Arlberggrenze. Seit 700 siedelten die vom Main und Rhein gekommenen *Alemannen* im Land, die Berghöhen blieben aber rätisch. Aus dem Rhône-Wallis kam im 14. Jahrhundert der große Bauernzug der *Walser*, den die herrschenden Montforter und Werdenberger gerne ins Land kommen sahen. Man bot den Walsern die höchsten Höhen zur Besiedlung an und gewann dadurch Rodungsbauern für schwierigstes Berggelände und gleichzeitig Wehrmannen; im Gegenzug gewährte man weitreichende Freiheitsrechte, die bis zum 19. Jahrhundert hielten. Verstreut liegende Paarhöfe auf 1400–1800 m Höhe dokumentieren noch heute Walser-Siedlungen, mehr noch aber die Sprache, ein vollmundiges, altmodisch gebliebenes Hochalemannisch.

Sprache

Abgesehen von einigen rätoromanischen Resten (Namen wie Schesaplana, Gafluna, Faschina, Einfluß auf die Lautung) in den südlichen Tälern Vorarlbergs und den Walser-Mundarten ist die Sprache *alemannisch*. Im nördlichen Vorarlberg sind Einflüsse des benachbarten Schwäbischen spürbar. Statt schwäbisch „g'wäse" (gewesen) sagt man in Vorarlberg „g'si". Im Alemannischen Vorarlbergs gibt es zudem deutlich abgegrenzte Lokalmundarten. Das Wort Wald wird im Vorderwald „Waud", im hinteren Wald wie „Wauld" und im Gebiet um Au „Wold" gesprochen. Salz heißt „Sauz", „Saulz" und „Solz".

Die *Walser-Mundart*, die in den Siedlungsgebieten der Walser (Klein- und Großwalsertal, Lech, Hochtannberg, Damüls) gesprochen wird, ist hochalemannisch. Die noch ziemlich unverfälschte „Walserred" ist heute das wesentliche verbliebene Merkmal der Walser. Einige Beispiele: „Odle" = Latsche; „G'schratt" = felsiger Boden (vgl. Schrattenkalk); „Rufele" = Erdrutsch (lateinisch ruvina); „Fulbekissen" = Federkissen (von mittelhochdeutsch pfulwe).

Brauchtum und kulturelle Veranstaltungen

Volksbräuche, Trachten und Hofformen haben sich in manchen Teilen Vorarlbergs über Jahrhunderte hinweg erhalten. Im *Montafon* sowie im *Klein-* und *Großwalsertal* findet man noch Bauernhäuser in Holzbauweise. Schöne geschindelte Häuser kann man an den Höhen östlich des *Rheintals* und auch im *Bregenzerwald* sehen.

Beispiele für altes Brauchtum sind die Maskenumzüge in Bludenz, die Wallfahrten, wie das „Gebhardsfest" bei Bregenz am 27. August oder das „Wendelinsfest" auf der Fluh bei Bregenz am 20. und 24. Oktober, und die festlichen Alpabtriebe im Herbst. Am ersten Fastensonntag werden überall die Funkenfeuer zur Austreibung des Winters angezündet. An der Spitze eines mächtigen Holzstoßes ist eine „Funkenhexe" angebracht, die mitverbrannt wird.

Seit 1946 ziehen die *Bregenzer Festspiele* (Konzerte, Theater, Opern auf der Seebühne) von Juli bis August ein internationales Publikum an. Zu erwähnen sind ferner die *Schubertiade* in Hohenems (Juni) und die *St. Gerolder Kulturveranstaltungen* (April bis Oktober).

Kunstausstellungen werden laufend im Palais Liechtenstein in Feldkirch und im Künstlerhaus in Bregenz gezeigt.

Während der Saison spielen oft die örtlichen Musikkapellen in ihren heimischen Trachten auf.

Wirtschaft

In den letzten 200 Jahren hat sich in Vorarlberg eine „saubere" Industrie entwikkelt. Heute ist es nach Wien das höchstindustrialisierte Bundesland Österreichs, das gerne belächelte, noch öfter aber beneidete „Musterländle". Die Wirtschaftskraft beruht auf den drei Bereichen Textilindustrie, Energiewirtschaft und Fremdenverkehr. Die Landwirtschaft (Obst- und Weinanbau, Milchwirtschaft) spielt nur noch eine untergeordnete Rolle; Vorarlbergs Agrarquote ist eine der niedrigsten Europas.

Die Textilindustrie, schon Ende des 18. Jahrhunderts begonnen, wurde im 19. Jahrhundert zum führenden Wirtschaftszweig. Wichtigste Orte waren bereits damals Dornbirn, Lustenau, Feldkirch und Bludenz. Etwa zwei Drittel der Industriebeschäftigten arbeiten in Baumwollspinnereien, Webereien, Stickereien und Strickereien.

Weitere Bedeutung haben daneben die Nahrungs- und Genußmittelindustrie sowie die Elektro-, Machinen- und chemische Industrie. In Dornbirn findet alljährlich im August die „Dornbirner Messe" statt, verbunden mit einer wechselnden Spezialausstellung.

Der einzige „Rohstoff" des Landes, das Wasser, wird seit Ende des Ersten Weltkrieges zur Energieerzeugung genutzt und ließ Vorarlberg zu einem bedeutenden Energieproduzenten werden. Die Vorarlberger Illwerke AG, Pioniere des europäischen Stromverbundes, exportieren über Österreich hinaus nach Deutschland und in die Benelux-Staaten.

Ein weiterer wichtiger Wirtschaftszweig ist der Fremdenverkehr. Dabei sind Sommer und Winter gleich bedeutende Jahreszeiten mit jeweils ca. 4,3 Mio. Nächtigungen (1991).

Eine Übersicht über das vielfältige Ferienangebot folgt auf Seite 17.

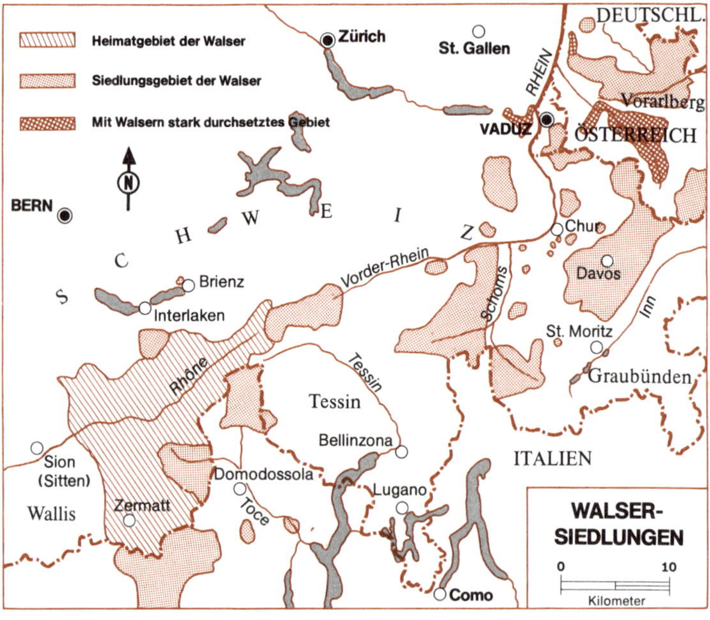

Geschichtlicher Überblick

Um 1700 v. Chr. Die den *Venetern* nahestehenden *Illyrer* (die moderne Forschung spricht sogar von Etruskern) siedeln sich im *Rheintal* und im *Walgau* an. Sie errichten und befestigen Lager auf der *Heidenburg* bei *Göfis* und auf dem „Inselberg“ *Kummenberg*.

Um 1000 v. Chr. Die Illyrer nehmen über Julier- und Septimerpaß Handelsbeziehungen mit Oberitalien auf. Spätere Geschichtsschreiber nennen diesen Volksstamm auch *Räter*.

Ab 500 v. Chr. Von Norden dringen die *Vindelizier*, ein keltischer Volksstamm, ein. Ihre Burg *Brigantion* stand vermutlich in der Oberstadt von Bregenz.

15 v. Chr. Zwei römische Heere rücken unter *Drusus* und *Tiberius*, Stiefsöhne von Kaiser Augustus, an den Bodensee vor, besiegen in einer Seeschlacht die keltisch-vindelizischen Bewohner und nehmen die illyrisch-rätischen Festungen ein. Wichtigste Stadt in der römischen *Provinz Raetia*, deren Territorium auch das heutige Vorarlberg umfaßt, wird neben der Hauptstadt *Chur* die aus einem Kastell entstandene Handelsstadt *Brigantium*, das heutige Bregenz.

213 In *Vinomna* (Rankweil) wird die erste christliche Kirche mit St. Peter als Patron gegründet. Erste Alemanneneinbrüche.

259 Der suebische Volksstamm, den die Römer *Alemannen* nennen, durchbricht den römischen *Limes* und stößt gegen den Bodensee vor.

Ab 304 Teilung Raetiens. Raetia Prima wird von einem Statthalter in Curia (Chur) regiert, Raetia Secunda von einem Statthalter in Augusta Vindelicorum (Augsburg).

493–536 Ostgoten, die von Süden eingedrungen sind, gebieten dem Vormarsch der Alemannen an der Linie Oberriet–Kummen–Götzis Halt.

526 Durch den Verfall des Ostgotenreiches (König Theoderich) dehnen die Franken ihren Herrschaftsbereich bis Vorarlberg aus.

593 Das Christentum wird unter den Alemannen verbreitet. Glaubensboten sind *Kolumban, Gallus, Arbogast*, der als Bischof von Straßburg aus dem Elsaß kam, und *Gebhard*.

630 Der *Bützebach* bei Hohenems wird zur Grenze zwischen den Bistümern Chur und Konstanz. Hochtannberg und das Kleinwalsertal gehören zum Bistum Augsburg.

Das fränkische Gaugericht, dessen Rechtsbereich sich bis Septimer, Arlberg, Walen- und Bodensee erstreckt, hat seinen Sitz in *Vinomna*, dem heutigen Rankweil.

8. Jahrhundert Nach dem Zerfall des Karolingerreichs geht die Verwaltung der Herzogtümer mehr und mehr an die Grafen über. *Ulrich*, der Bruder der Kaiserin Hildegard (zweite Gemahlin Karls des Großen) begründet das Geschlecht der *Udalrichinger*.

746 Bregenz und Buchhorn werden Sitz der Udalrichinger.

916 Das alemannische Stammesherzogtum, zu dem auch *Rätien* gehörte, erstarkt unter Graf Burchard II. erneut.

982 Ulrich VI., ein Udalrichinger, wird „Graf von Unterrätien“. Bregenz wird Residenz.

1043 Teilung bei den Udalrichingern: Buchhorner und Bregenzer Linie.

1082 *Oberrätien* fällt an das alemannische Herzogtum. Die Grafen von Bregenz beherrschen ein Gebiet, das weit über das heutige Vorarlberg hinausgeht. Sie begründen 1097 im Bregenzerwald das *Kloster Mehrerau*, das später in die „Auen am See“ verlegt wird.

11. Jahrhundert Der Bregenzerwald wird besiedelt.

1157 Der letzte Graf von Bregenz stirbt. Seine Tochter *Elisabeth* vermählt sich mit *Graf Hugo von Tübingen*. Der zweite Sohn übernimmt das mütterliche Erbe. Feldkirch wird seine Residenz und er nennt sich von nun an *Graf von Montfort*. Für viele Jahrhunderte wird dieses Geschlecht zur beherrschenden Kraft in Vorarlberg.

1258 Teilung im Hause Montfort: Montforter und Werdenberger Linie.

Um 1300 Die Montforter und andere mit ihnen verwandte Adelsfamilien ermöglichen und fördern die Einwanderung der Walser. Die Walser besiedeln große Teile von bis dahin fast menschenleeren Gebieten Vorarlbergs, vor allem in höheren Lagen. Die Rettenberger z.B. holen Walser ins Breitachtal. Die freien Walser tragen viel zur wirtschaftlichen Entwicklung des Landes bei.

1310 In *Silbertal* wird mit dem Silberbergbau begonnen. – Vom Gebiet der Montforter trennt sich im 14. Jahrhundert die Grafschaft *Werdenberg* ab, deren Sitz *Bludenz* wird. Das Geschlecht der Montforter teilt sich in die Linien *Feldkirch, Bregenz* und *Tettnang* auf, wodurch ihre Macht verlorengeht.

Nach 1360 Die erstarkten Habsburger gewinnen nach und nach durch Kauf die Herrschaft über das Gebiet zwischen Arlberg und Bodensee und fügen es zur Einheit „Vor dem Arlberg" zusammen.

1407–1408 „Appenzeller Krieg". Bregenzer Bauern und Bürger lehnen sich gegen die Feudalherren auf. Zur Erinnerung an diese Zeit wird später über einem Massengrab die *Seekapelle* in Bregenz errichtet.

1496 Vorarlberg ist Treffpunkt der „großen Welt": In Bregenz versammeln sich die Reichsfürsten mit dem Mainzer Erzbischof an der Spitze bei König *Philipp dem Schönen,* der in Bregenz Hof hält.

1499 Vorarlberg wird, weil aus der Eidgenossenschaft eine selbständige Macht geworden ist, Grenzland zur Schweiz. „Schwabenkrieg".

16. Jahrhundert Eine Ständeversammlung mit weitgehenden Selbstverwaltungsbefugnissen, der nur Bauern und Bürger angehören, bestimmt das politische Geschehen. Die Habsburgischen Landesfürsten regieren nicht selbst, sondern lassen ihr Gebiet durch Vögte und Amtsleute verwalten.

1728 Die Ständeversammlung wird einem Direktorium in Bregenz unterstellt.

1750 Die Landvogtei Bregenz wird zum Oberamt erhoben und der jeweilige Landvogt (das Direktorium ist inzwischen wieder aufgehoben worden) zum Präses (Vorsitzenden) bestimmt.

1764 In Bregenz wird die erste Baumwollfabrik Vorarlbergs in Betrieb genommen.

1766–1771 Das Land Vorarlberg wird durch die Anlage von Straßen von Bregenz nach Weiler, Feldkirch und Lustenau wirtschaftlich besser erschlossen.

1782 Kaiser Joseph II. unterstellt Vorarlberg als eigenen Kreis dem *Gubernium* (Regierung) in Innsbruck.

1799 Für den Krieg der Zweiten Koalition gegen Frankreich wird eine starke österreichische Bodenseeflottille ausgerüstet, die unter dem Befehl eines Engländers erfolgreich operiert.

1806 Vorarlberg wird mit der bayerischen Provinz Schwaben vereinigt.

1814 Der König von Bayern gibt das Land Vorarlberg mit Ausnahme des Landgerichts Weiler an Österreich zurück.

1818 Papst *Pius VII.* errichtet das Generalvikariat Feldkirch mit dem symbolischen Bischofssitz in Feldkirch. Die Verwaltung untersteht jedoch dem Bistum Brixen bis 1921, danach der apostolischen Administratur Innsbruck-Feldkirch, von 1964 an dem Bistum Innsbruck.

1849 Vorarlberg wird verwaltungsmäßig Tirol unterstellt.

1850 In Bregenz treffen sich zur Aussprache über einen Bund gegen Preußen der Kaiser *Franz Joseph* und die Könige von Bayern und Württemberg.

1861 Vorarlberg wird als eigenes Land anerkannt. Landtag und Landesausschuß haben ihren Sitz in Bregenz.

3. Nov. 1918 Ein vorläufiger Landtag erklärt Vorarlberg zum eigenen, selbständigen Land.

1923 Vorarlberg erhält eine neue Landesverfassung.

1938 Vorarlberg muß unter NS-Herrschaft seine Selbständigkeit aufgeben und wird – zusammen mit Tirol – zu einem Gau erklärt.

1. Mai 1945 Der Einnahme der Stadt Bregenz in den letzten Tagen des Zweiten Weltkrieges durch die alliierten Truppen gehen Beschießung und Bombardierung voraus. Kurz danach ruft das Land Vorarlberg erneut seine Selbständigkeit aus.

1945 Vorarlberg drängt mit Erfolg auf die Wiederherstellung des Bundesstaates Österreich.

1946 Erste Bregenzer Festspiele.

1953 Der letzte französische Besatzungssoldat verläßt Vorarlberg.

1955 Durch den Abschluß des Österreichischen Staatsvertrages ist Vorarlberg wieder Bundesland eines freien und unabhängigen Staates.

1968 Vorarlberg wird eine eigene Diözese. Sitz ist Feldkirch.

1976 Erste Schubertiade in Hohenems.

1980 Volksabstimmung für föderalistische Forderungen.

1989 Bei den Landtagswahlen (Wahlbeteiligung 92%) erreichen die ÖVP 51,0%, die SPÖ 21,3%, die FPÖ 16,1% und die Grün-Alternativen Vorarlbergs 5,2%. Sitzverteilung: ÖVP 20, SPÖ 8, FPÖ 6, Grün-Alternative 2 Sitze.

Kunst und Kultur

RÖMISCHE ZEIT

Kunstwerke aus der römischen Zeit wurden bei Ausgrabungen der *Villa Vinomna* bei Rankweil und im einstigen Brigantium (dem heutigen Bregenz) entdeckt. Die Funde sind im Vorarlberger Landesmuseum in *Bregenz* (s. S. 22) zu sehen. Dort befindet sich auch die Altarplatte mit karolingischen Flechtwerkornamenten aus der Kirche in *Lauterach*. Aus derselben Epoche stammen die frühmittelalterliche Anlage in *Frastafeders* (Frastanz) und der älteste Teil der Pfarrkirche in *Bludenz* (s. S. 30).

Flechtwerkornamente aus Lauterach

ROMANIK

Wenig ist aus der romanischen Zeit erhalten geblieben. Die frühromanische Klosterkirche *Andelsbuch* wurde bald nach ihrem Bau wieder abgebrochen. Die große romanische Münsterkirche des Klosters *Mehrerau* wurde in Resten unter der Barockkirche freigelegt. Romanische Apsiden befinden sich noch in *St. Gerold* und in *Zitz* bei Bludesch, romanische Freskenreste in den Kirchen des hl. Vinerius in *Nüziders* und St. Peter in *Rankweil*. Kostbare Schmuckstücke sind das „Wundertätige Kreuz" (aus Holz) in *Rankweil* (vor 1233) und das Vortragekreuz aus Limoges/Südfrankreich (12. Jh.) in der Pfarrkirche *Bartholomäberg*.

An zahlreichen Handelswegen entstanden Burgen wie *Hohenbregenz, Ruggburg, Tosters, Neuburg, Ems, Blumenegg, Jagdberg* und die *Burgkirche Rankweil*. Die mächtigste war die *Schattenburg*, Sitz der Grafen von Montfort bei Feldkirch an der Arlbergstraße. Zum weiteren Schutz der Rheintalstraße gab es die Burgen *Liechtenstein/Vaduz* und *Werdenberg* bei Buchs.

GOTIK

Die gotische Kunst fand – wie überall im Alpenland – auch in Vorarlberg lebhafte Aufnahme. Es herrschte eine rege Bautätigkeit. Durch die im 13. und 14. Jahrhundert erfolgte Ansiedlung von Walsern in den bisher gemiedenen, ungerodeten Hochgebirgstälern wurde auch dort die Bautätigkeit intensiviert und der Bau von Dorfkirchen vorangetrieben. Beispiele dafür sind die Kirchen in *Laterns, Damüls, Ebnit, Dünserberg, Brand, Bürserberg, Tannberg* (Lech), im *Klein-* und *Großwalsertal* und im *Montafon*. Allerdings haben diese Dorfkirchen alle ein bescheidenes Ausmaß. Achteck-Chorschluß und Altarraum mit Gewölberippen sind ebenso typisch wie der spitze Turm.

Die schönsten spätgotischen Flügelaltäre sind der Knappenaltar in *Bartholomäberg* und der in der Annakapelle in *Frommengärsch*. Der schönste Hochaltar Vorarlbergs ist jener in der alten Pfarrkirche St. Martin in *Ludesch*. Er wurde im 17. Jahrhundert von *Erasmus Kern* aus Feldkirch geschaffen.

Sehenswerte gotische Plastiken sind die sitzende Muttergottes in der Wallfahrtskirche *Maria Bildstein* bei Wolfurt aus der zweiten Hälfte des 14. Jahrhunderts und eine Pietà (um 1400) im Dominikanerinnenkloster *Altenstadt* bei Feldkirch. Gotische Fresken findet man in der hochgelegenen Kirche von *Bartholomäberg* sowie vor allem in der St. Martinskapelle im Martinsturm von *Bregenz* (s. S. 23). 1963 wurden interessante Fresken in der Pfarrkirche St. Jakob in *Mittelberg* entdeckt. In den Jahren 1945–1951 stieß man auf einen ganzen Zyklus (etwa aus dem Jahre 1490) in der Bergkirche *Damüls*, in der auch (zum ersten Mal in Vorarlberg) Christus in der Mandorla (mandelförmiger Heiligenschein) dargestellt ist.

Von den gotischen Silberschmiedearbeiten ist die Monstranz in der St. Nikolauskirche in *Feldkirch* bemerkenswert. Ein Beispiel profaner gotischer Baukunst ist das Wohlwendhaus in *Feldkirch*. Der bedeutendste spätgotische Kirchenbau Vorarlbergs ist die Domkirche *St. Nikolaus* in Feldkirch mit ihrer zweischiffigen Halle. Sie ist eines der seltenen Beispiele des Übergangs von der Spätgotik zur Renaissance. Bei den profanen Bauwerken, den Burgen, findet man Zeugnisse der spätgotischen Kunst hauptsächlich bei der

Kirche in Reuthe

Raumgestaltung. Beispiele dafür sind die *Schattenburg* bei Feldkirch und die *Burg Glopper,* die 1343 anstelle der verfallenen Burg *Alt-Ems* (Anfang 12. Jh.) errichtet wurde.

RENAISSANCE

Die in den Bergländern nie recht heimisch gewordene Renaissancekunst blieb auch in Vorarlberg auf die höfischen und bürgerlichen Bauten beschränkt. Zahlreiche Bürgerhäuser in *Feldkirch* (Marktgasse Nr. 5 und Nr. 10) gehören diesem Stil an.

Die kirchliche Baukunst erreichte im Renaissancealter des Schlosses *Hofen* (jetzt in der Seekapelle von Bregenz; s. S. 23) und im geschnitzten Hochaltar der Kirche *Hohenems* ihre Höhepunkte. Ein sehr frühes profanes Beispiel dieser Stilrichtung ist das Grafenschloß *Hohenems* mit Eckpavillons, doppelten Treppenhäusern und einer Parkanlage. Interessant ist auch das Epitaphgemälde einer Landschaft von 1562 in der Kapelle St. Anna in *Frommengärsch.*

BAROCK

Durch die Künstler der Barockzeit ging Vorarlberg in die Weltkunstgeschichte ein. Die „Vorarlberger Baumeister" stammten aus den „Wälder"-Dörfern *Bezau* und *Au.* Sieben Baumeisterfamilien wirkten entscheidend an den großen Barock-Kirchen Europas mit. *Michael Beer* gestaltete den Ausbau der Klosterkirche Kempten, *Michael Thumb* schuf u. a. Wettenhausen und Obermarchtal, *Christian Thumb* baute die Wallfahrtskirche Schönenberg und die Klosterkirche Friedrichshafen, *Peter Thumb* die berühmte Kirche von Neubirnau, und *Franz Beer* gab den Klosterkirchen von Irsee, Weißenau und vielen anderen seinen Stil. *Kaspar Moosbrugger* entwarf die Klosterkirche Weingarten und *Johann Michael Beer* die Klosterkirche St. Gallen. Hauptmerkmal des sogenannten Vorarlberger Bauschemas ist eine hohe, weite Halle mit stark nischenformenden Wandpfeilern und umlaufender Empore.

Die wenigen Kirchen, die diese Meister in ihrer Heimat erbauten, sind die in *Bludesch, Ludesch* und *Thüringen,* die Zweiturmkirche *Maria Bildstein* und die Heiligkreuzkirche in *Dalaas. Franz Anton Beer* errichtete 1740 – 1743 die großartige Klosterkirche in *Mehrerau,* die 1808 abgebrochen wurde.

Der Barockstil erreichte in Vorarlberg nicht die monumentale Größe wie etwa in Südbayern, drang aber mit bescheidener, mehr ländlich ausgerichteter Kunst in jede kleinste Dorfkirche vor. Noch heute sind die Zwiebeltürme sichtbare, allseits bekannte Wahrzeichen dieser Stilrichtung in Vorarlberg. Den schönsten barocken Innenraum besitzt die Pfarrkirche St. Gallus in *Bregenz.* Eine Barockorgel (1792) aus der Straßburger Silbermannschule von *Josef Bergöntzle,* eine der bedeutendsten historischen Orgeln Österreichs, steht in der Kirche *Bartholomäberg,* eine zweite von Bergöntzle in der Pfarrkirche von *Bludesch.*

ROKOKO

Nur ganz wenige Kirchen in Vorarlberg sind so einheitlich im graziösen Rokokostil ausgestattet wie die Pfarrkirche St. *Gallenkirch.*

KLASSIZISMUS

Als interessantestes Beispiel des Empirestils ist die Säulenvorhalle der Stadtpfarrkirche (s. S. 25) in *Dornbirn* zu nennen.

Die Malerei erreichte in Vorarlberg in dieser Zeit nur mit der mit Schwarzenberg verbundenen Malerin *Angelica Kauffmann* den Bereich der großen Kunst. Sie arbeitete allerdings in London und Rom.

NEUZEIT

Im 19. Jahrhundert entstanden die Kirchen in *Tschagguns* (1812–1815) unter Einbeziehung des spätgotischen Chors von Johann Nepomuk Bitschnau und in *Satteins* von Alois Negrelli, dem Planer des Suezkanals. Überall im Land stehen schöne historisierende Kirchen.

Speisen und Getränke

Vorarlberg ist zum größten Teil ein echtes Bergbauerngebiet. Schwer und hart ist die Arbeit der Bauern, und die echten, alten Gerichte, wie etwa *Riebel* und *Käsknöpfle* mußten daher von sehr handfester Art sein, wenn sie satt machen und Kraft zur täglichen Arbeit geben sollten.

Älpler-Flädlesuppe: Geschnittene dünne Omeletts in Fleischbrühe.

Bregenzer Grießknödelsuppe: Bei dieser Suppe werden die Grießknödel mit Schinken und Schnittlauch geschmacklich verbessert.

Diegenes: Gebratenes Selchfleisch mit Sauerkraut und Salzkartoffeln.

Eintropfsuppe: Man vermischt in einem „Schnabelhäfele", d. h. in einem Topf mit Ausgußschnabel, ein Ei mit ein wenig Mehl und etwas Salz und läßt dann den noch flüssigen Teig entweder „einlaufen" (dann ist es eine der beliebten Einlaufsuppen) oder durch die Beigabe von noch mehr Mehl etwas verdickt „eintropfen".

Feldkircher Schübling (kommt von Schübel = ein Mund voll): Das sind dicke Würste von örtlich verschiedener Geschmacksrichtung, z. B. Lindauer Doppelschübling, die mit Holzstäbchen zusammengehalten werden, oder Schweizer Schübling, die mit feingemahlener Fleischmasse gefüllt sind.

Vorarlberger Würstle: „Zizele" (Frankfurter Würstchen) werden der Länge nach aufgeschnitten, mit Käsescheiben belegt, mit dünnen Speckscheiben umwickelt und dann gegrillt.

Bratwurst im Häß (Häß = Ausdruck für Kleid): Die Würste werden im Wasser heiß gemacht, dann enthäutet, mit Eiern und Bröseln paniert und in heißem Fett ausgebacken. Dazu gibt es einen Salatteller oder Kartoffelsalat.

Montafoner Hirschrücken: Der gespickte Hirschrücken wird mit Petersilie und Pfifferlingen gebraten, dazu gibt es „nackte" Spätzle (ohne Käse) und Preiselbeeren.

Käsespätzle: Dies ist ein Gericht, für das angeblich ein Vorarlberger seine Seele verkauft. Sie werden am besten, wenn man eine Mischung aus festem und magerem Käse herstellt. Anstelle des Käses kann man auch Kraut nehmen. Sie heißen dann Krutspätzle = Krautspätzle.

Riebel: Man sagt auch Stopfer dazu. Er besteht aus kleinen, zerstochenen Pfannkuchen. Häufig werden diese Pfannkuchen mit „Türkengrieß" (Maisgrieß) gebacken. Er macht den Riebel noch herzhafter. Mais wird zwar in Vorarlberg nicht mehr so viel wie früher, aber doch noch immer recht häufig angebaut. Hauptanbaugebiet ist das Rheintal, denn dort trägt der Föhnwind sehr zur Reifung bei.

Ofenkatze: Das ist ein alter Vorarlberger Ausdruck. Ein Pfannkuchenteig mit Hefe oder ein dünner Hefeteig wird mit verschiedenen Obstsorten vermischt und mit viel Butter in der Pfanne oder im Ofen gebacken.

Spiggol: Ein Gericht aus frischem Topfen (Quark) mit Mehl, Butter, Salz und mit viel Butter in der Pfanne oder im Ofen gebacken.

Walser Käsknödel: Das sind Knödel, die statt mit Speckwürfeln mit geriebenem Käse gefüllt und mit Butter übergossen werden, in der geröstete Zwiebeln schwimmen.

Multschero: Früchtebrot, das die Gastwirte ihren Gästen heute häufig als Neujahrsgeschenk überreichen.

Vorarlberger Marend: Eine Jausenplatte (deftige Nachmittagsbrotzeit) mit geschnittenem Speck, Käse und Butter, auf einem Holzteller angerichtet. Dazu trinkt man ein „Viertele" Rotwein oder Weißen. Die Einheimischen trinken dazu Most (aus Äpfeln und Birnen).

Älplerplatte: Eine appetitlich aussehende Platte mit verschiedenen Käsesorten, häufig für zwei Personen. Dazu gibt es Zwetschgenwasser, Obstler (ein aus Äpfeln und Birnen gebrannter Schnaps) oder Enzian und ein „Viertele" Wein oder Most.

Enzianschnaps: Kenner behaupten, er sei der beste Schnaps, den es gibt, und helfe gegen alles. Er wird aus Wurzeln des gelben Enzians gebrannt, den es vor allem im Silbertal gibt. Er wird als „Medizin" getrunken, oft aber auch als Krönung (und Verdauungshilfe) nach einem schweren Essen.

Wein: Zwar ist auch Vorarlberg ein Weinland und bei *Klaus* und *Röthis* sowie auf dem Ardetzenberg bei *Feldkirch* wird ein ganz passabler Wein zur Reife gebracht, aber am meisten trinkt man Rotwein aus Südtirol und Weißwein aus Niederösterreich.

Praktische Hinweise

Autofahrer

Für private Kraftfahrer genügen bei der Einreise von Deutschland und der Schweiz nach Vorarlberg der amtliche Personalausweis, der Kraftfahrzeugschein und das Nationalitätskennzeichen.

Touristenfahrzeuge dürfen bis zu einem Jahr in Österreich bleiben. Obligatorisch sind das Warndreieck und die Autoapotheke. Anschnallpflicht.

Strengstens werden Sicherheit der Kraftfahrzeuge und Alkohol am Steuer (0,8-Promillegrenze) kontrolliert. Verstösse werden mit hohen Geldbußen bestraft.

Geschwindigkeitsbegrenzungen: im Ortsgebiet zwischen den Ortstafeln 50 km/h, wenn nicht durch Schilder anders bezeichnet; außerhalb auf Landstraßen 80 km/h, auf Autobahnen 130 km/h. In mehreren Städten gibt es gekennzeichnete Kurzparkzonen („blaue Zonen"). Hier ist das Parken auf eine Maximalzeit von 1 ½ Stunden beschränkt.

Regeln zum Befahren von Berg- und Paßstraßen: a) Vor starken Steigungen auf den ersten Gang schalten. Den Motor nicht auf volle, sondern etwa ⅔ seiner Touren laufen lassen. b) Wenn das Kühlwasser kocht, den Wagen stoppen, jedoch den Motor noch einige Zeit weiterlaufen lassen. Vorsicht beim Öffnen der Verschlußschraube (Verbrühungsgefahr!); langsames Nachfüllen des Kühlers bei laufendem Motor. c) Bei starkem Gefälle auf den ersten Gang herunterschalten, bevor das Gefälle beginnt. Die Bremsen sollten möglichst wenig und nur in Abständen benutzt werden. d) Die rechte Fahrbahnseite einhalten, auch wenn dort der abschüssige Berghang liegt. e) Kurven und Kehren ausfahren und nicht verkehrshindernd abschneiden. f) Nie an unübersichtlichen Stellen oder in Kehren halten, sondern zum nächsten Park- oder Ausweichplatz fahren. g) Das bergauffahrende Fahrzeug hat Vorfahrt. h) Abstellen des Wagens auf abschüssiger Strecke nur mit angezogener Handbremse, eingelegtem Gang, zum Berg hin eingeschlagenen Rädern und Sicherung der Räder durch Keile oder Steine.

Bedienungs- und Trinkgelder

Bedienungsgelder sind generell in den Rechnungen enthalten, ein zusätzliches Trinkgeld wird aber erwartet. Bei guter Bedienung sind 10–15% angebracht.

Camping

Campen ist in Vorarlberg wie im übrigen Österreich sehr beliebt. Sehr viele Fremdenverkehrsorte haben gut eingerichtete Campingplätze, die in diesem Führer mit ⛺ bezeichnet sind. Ein Campingplatzverzeichnis (mit Angaben zum Service und zu den Preisen der Plätze etc.) erhält man kostenlos vom Vorarlberg Tourismus, Römerstr. 7, A-6901 Bregenz.

Devisenvorschriften

Zahlungsmittel in fremder Währung und in österreichischen Schillingen können in unbeschränkter Höhe ein- und ausgeführt werden.

Diplomatische Vertretungen

Deutsches Honorarkonsulat: 6900 Bregenz, Kaspar-Hagen-Str. 2, Tel. 0 55 74/ 4 31 80.

Schweizer Konsulat:
6900 Bregenz, Römerstraße 35, Tel. 0 55 74/4 32 32.

Österreichische Botschaften befinden sich in Bonn und Bern, *österreichische Konsulate* in Berlin, Bielefeld, Bremen, Dortmund, Düsseldorf, Frankfurt/M., Hamburg, Hannover, Kiel, Köln, Lübeck, Mainz, München, Nürnberg, Saarbrükken und Stuttgart sowie in der Schweiz in Basel, Chur, Genéve, Lausanne, Lugano, Luzern, St. Gallen und Zürich.

Fahrräder

kann man in Alberschwende, Au, Bezau, Bludenz, Brand, Bregenz, Bürserberg, Damüls, Egg, Feldkirch, Frastanz, Gargellen, Gaschurn, Hard, Höchst, Hörbranz, Hohenems, Klaus, Lauterach, Lech, Lingenau, Lochau, Mellau, Mittelberg, Nenzing, Nüziders, Partenen, Rankweil, St. Anton/Montafon, St. Gallenkirch/Gortipohl, Schruns, Sibratsgfäll, Tschagguns, Vandans, Weiler und Wolfurt ausleihen. (Siehe auch Fahrrad am Bahnhof, S. 15.)

Geld

Die Münzeinheit ist der österreichische Schilling (öS) = 100 Groschen (g).

Im Umlauf sind Banknoten zu 5000, 1000, 500, 100, 50 und 20 öS sowie Münzen zu 50, 25, 20 (Rarität), 10, 5 und 1 öS und 50, 10, 5 und 2 g. 100 öS entsprechen ca. 14,30 DM bzw. 11,70 sfr.

Haustiere

dürfen nur unter Vorlage eines tierärztlichen Zeugnisses nach Österreich mitgenommen werden. Das Zeugnis muß u. a. den Zeitpunkt der Schutzimpfung gegen Tollwut (mind. 30 Tage, jedoch nicht länger als 1 Jahr vor Grenzübertritt) und die Bezeichnung des Impfstoffes enthalten.

Für Hunde besteht Leinen- oder Maulkorbzwang.

Informationen

Informationen über alle mit einer Reise nach Vorarlberg zusammenhängenden Fragen erteilen die Vertretungen der Österreich-Werbung:

Österreich-Werbung, Tauentzienstraße 16, 1000 Berlin 30.
Österreich-Werbung, Roßmarkt 12, 6000 Frankfurt/M.
Österreich-Werbung, Tesdorpfstr. 19, 2000 Hamburg 13.
Österreich-Werbung, Alter Markt 28–32, 5000 Köln 1.
Österreich-Werbung, Rotwandweg 4, 8028 Taufkirchen.
Österreich-Werbung, Rotebühlplatz 20d, 7000 Stuttgart 1.
Österreich-Werbung, Zweierstr. 146, CH-8036 Zürich.
Österreich-Werbung, Margaretenstr. 1, A-1040 Wien.

Detailliertere Informationen erhält man vom Vorarlberg Tourismus, Römerstr. 7, A-6900 Bregenz, Tel. (0 55 74) 4 25 25-0. (Siehe auch Adressen S. 17–19.)

In Vorarlberg selbst hat fast jeder Ort einen Verkehrsverein, der umfassendes Informationsmaterial bereithält und bei der Zimmervermittlung behilflich ist.

Jugendherbergen

In diesem Führer sind alle Jugendherbergen mit △ gekennzeichnet.

Detaillierte Informationen erteilen der Österreichische Jugendherbergsverband (ÖJHV), Schottenring 28, A-1010 Wien, und das Österreichische Jugendherbergswerk (ÖJHW), Helferstorferstr. 4, A-1010 Wien.

Ladenschluß

Die Läden sind im allgemeinen werktags von 8–12 Uhr und 14–18 Uhr geöffnet, am Samstag von 8–12 Uhr.

Viele Geschäfte haben am ersten Samstag des Monats auch nachmittags geöffnet, manche auch am zweiten Samstag des Monats.

Lebensmittelgeschäfte öffnen meist schon um 7 Uhr, haben aber in der Regel eine längere Mittagspause.

Friseurläden sind am Samstag bis 18 Uhr geöffnet, am Montag haben sie geschlossen.

Schalterstunden der *Banken:* Montag bis Freitag 8–12.30, 13.30–15 Uhr, Donnerstag bis 17.30 Uhr.

Nationalfeiertage

Der 1. Mai wird in Österreich als Staatsfeiertag, der 26. Oktober als Nationalfeiertag begangen.

Naturschutz

Die meisten Alpenblumen stehen unter Naturschutz und dürfen nicht oder nur in kleinen Mengen gepflückt werden. Dies gilt besonders für das *Edelweiß*. In vielen Gemeindeämtern sind Tafeln mit den naturgeschützten Pflanzen angebracht (s. S. 4).

Netzspannung

220 Volt Wechselstrom; es gibt normale und Schuko-Steckdosen.

Post

Porto im Inland: Standardbrief (bis 20 g) 5 öS, Postkarten 4,5 öS. Porto ins Ausland: Standardbrief (bis 20 g) 7 öS, Postkarten 6 öS.

Briefmarken erhält man bei den Postämtern, in den Tabak-Trafiken und meist auch in Geschäften, die Ansichtskarten verkaufen.

Die Postämter haben Montag bis Freitag von 8–12 und von 14–18 Uhr geöffnet, Kassenschluß ist jedoch bereits um 17 Uhr. Am Samstag wird keine Post zugestellt, es haben nur Postämter in größeren Städten (8–10 Uhr) offen.

Reisezeit

Die beste Reisezeit für die *Voralpen* und den *Bodensee* ist Ende April bis Ende September, für die *höheren Bergregionen* von Anfang Juli bis Mitte September.

Für den Wintersport ist die beste Zeit von Dezember bis Mitte März. An Wintersportplätzen über 1500 m kann der Skilauf bis Ende April ausgeübt werden *(Zürs, Stuben)*.

Spielcasinos

Bregenz, Symphonikerplatz 4; täglich ab 15 Uhr.

Kleinwalsertal, Mittelberg, 25.12.–31.3. täglich ab 17 Uhr geöffnet, 1.4.–23.12. täglich ab 19 Uhr.

Sport (Auswahl)

Angeln: In 65 Orten Vorarlbergs ist Angelgelegenheit gegeben. Amtl. Fischerkarte und private Fischereierlaubnis erforderlich. Informationen erteilen die *ÖFG (Österreichische Fischereigesellschaft)*, Elisabethstraße 22, A-1010 Wien, und der *VÖAFV (Verband der Österreichischen Arbeiter-Fischerei-Vereine)*, Lenaugasse 14, A-1080 Wien.

Bergsteigen: Bei Ausflügen ins Gebirge müssen, auch in der Nähe von Seilbahnen, einige Grundregeln beachtet werden: Unbedingte Befolgung der Ratschläge von bergerfahrenen Einheimischen, Ausrüstung mit Bergschuhen und Wetterschutzbekleidung (s. S. 20).

Drachenfliegen/Paragliding: Informationsprospekte beim Vorarlberg Tourismus (s. S. 13). Drachenflug- und Paragleitschulen: „Flying High", Kaspar Greber, A-6863 Egg; Flugschule Alpin, Herrengasse 28, A-6822 Satteins.

Kanusport: Befahrbar sind die Bregenzerach, die Ill, Litz, Weißach, Lutz und Lech. Information: Wildwasser-Sportverein Vorarlberg, Martin Wohlgenannt, Pfarrer-Moosbrugger-Str. 8, A-6850 Dornbirn.

Rafting: River-Rafting wird im Frühjahr zur Zeit der Schneeschmelze von den Orten Au, Lech, Schröcken und Warth angeboten. Information bei den lokalen Verkehrsämtern.

Reiten: Möglichkeiten, Pferdesport zu betreiben, bestehen in vielen privaten Reitclubs. Ein eigenes Informationsblatt mit Kontaktadressen hält der Vorarlberg Tourismus (s. S. 13) bereit.

Zahlreiche Radwanderwege und Verleihstellen ermöglichen das Radwandern.

Segeln und *Surfen* kann man in Bregenz, Hard, Höchst, Lochau, Fußach und Rankweil. In Hard und Rankweil werden Surfkurse angeboten, in der Segelschule Lochau kann man Segelkurse belegen.

Skisport: Am Ruf Österreichs als führendes Land des Skisports hat das Land Vorarlberg einen gewichtigen Anteil. Von rund 2400 Verkehrsanlagen zur Erleichterung des Skifahrens besitzt Vorarlberg rund 20 Seilbahnen, 70 Sessellifte und 250 Schlepplifte. Details kann man dem kostenlosen Winterprospekt des Vorarlberg Tourismus (s. S. 13) entnehmen.

Informationsblätter über „Reiten", „Wassersport", „Tennis – Squash" und „Angeln" erhält man kostenlos beim Vorarlberg Tourismus (s. S. 13).

Tabakwaren

In Österreich sind Tabakwaren Staatsmonopol. Die Erzeugnisse der Österreichischen Tabakregie werden in den „Tabaktrafiken" verkauft; ihr Ladenschild trägt einen roten Ring mit einer Zigarette.

Telefon

Die Vorwahlnummer für Gespräche nach *Deutschland* ist 060 (Länder der ehemaligen DDR 00 37), nach der *Schweiz* 050. *Österreich* hat aus beiden Ländern die Vorwahl 00 43.

Unterkunft

Die österreichischen Hotels, Gasthöfe und Pensionen sind offiziell in fünf Klassen eingeteilt, die mit Sternchen bezeichnet werden. In diesem Reiseführer entsprechen ***** = ⌂⌂⌂L, **** = ⌂⌂⌂, *** = ⌂⌂, ** und * = ⌂. Natürlich kann aus dem großen Unterkunftsangebot hier nur ein Teil verzeichnet werden. Die Auswahl stellt keinerlei Werturteil dar.

Ein ausführliches Unterkunftsverzeichnis erhält man vom Vorarlberg Tourismus (s. S. 13). Hat man sich bereits für einen Ferienort entschieden, wendet man sich am besten an den dortigen Verkehrsverein und fordert ein Unterkunftsverzeichnis an.

Visum und Paß

Für einen Aufenthalt bis zu drei Monaten benötigen Reisende aus Deutschland und der Schweiz nur den gültigen Personalausweis.

Wetterbericht vom Tonband

Telefon 15 66 (in den Ortsnetzen Egg, Götzis, Hittisau, Höchst, Lech, Lustenau, Riezlern und Schruns: Telefon 16).

Zoll

Zollfrei eingeführt werden dürfen: Gegenstände des persönlichen Bedarfs sowie 200 Zigaretten oder 50 Zigarren oder 250 g Tabak, 2 l Wein, 1 l Spirituosen, Geschenke bis zu einem Wert von 400 öS.

Bei Wiedereinreise ins Heimatland: 200 Zigaretten oder 50 Zigarren oder 250 g Tabak, 1 l Spirituosen über 22 % und 2 l unter 22 % (in der Schweiz 15°) sowie Geschenke bis zu einem Gesamtwert von 115 DM bzw. 200 sfr.

Reisewege

REISEN NACH VORARLBERG

Mit dem Auto

München – Bregenz, A 96/B 18/E 54, 188 km
Augsburg – Bregenz, B 17/A 96/B 18/E 54, 166 km
Ulm – Bregenz, A 7/A 96, 135 km
Konstanz – Bregenz, B 13/N 1/B 202, 59 km
Chur – Bregenz, N 13/B 202, 82 km
St. Gallen – Bregenz, N 1/B 202, 37 km
Innsbruck – Bregenz, A 12/B 316/A 14, 202 km

Mit der Eisenbahn

Aus Deutschland:
alle Verbindungen über Lindau (D) oder München – Innsbruck (Ö).

Aus Österreich und Italien:
Brenner – Innsbruck – Arlberg – Langen – Bludenz – Feldkirch – Dornbirn – Bregenz.

Aus der Schweiz:
Die Züricher Strecke erreicht Vorarlberg bei Buchs (Stichstrecke über Schaan nach Feldkirch), die St. Galler Strecke (Zürich – Winterthur) erreicht Vorarlberg bei St. Margrethen (Weiterfahrt nach Bregenz).

Mit dem Flugzeug

Der nächste internationale Flugplatz ist Zürich/Kloten (Kloten – Bregenz 120 km, Kloten – Dornbirn 127 km, Kloten – Feldkirch 118 km, Kloten – Bludenz 139 km, Kloten – Zürs 167 km).

Zürich ist nonstop zu erreichen von Berlin, Frankfurt/M., Bremen, Hannover, Düsseldorf, Hamburg, Leipzig, Münster-Osnabrück, Köln-Bonn, Stuttgart, München, Nürnberg, Wien, Salzburg, Graz, Innsbruck, Klagenfurt, Linz und Genf.

Es bestehen Schnellzugverbindungen von Zürich/Kloten nach Bregenz.

REISEN IN VORARLBERG

Mit der Eisenbahn

Das Bahnnetz in Österreich ist sehr gut ausgebaut; Ferienorte, die an keiner Bahnlinie liegen, erreicht man mit den Linienbussen der Österreichischen Bundesbahnen (ÖBB) oder mit den Postbussen.

In Vorarlberg gibt es eine Hauptlinie (Bregenz – Dornbirn – Feldkirch – Bludenz – St. Anton am Arlberg), dazu kommen Verbindungen mit Lochau und Lindau, Lustenau und St. Margrethen, Schaan und Buchs (Liechtenstein und Schweiz) sowie Schruns/Montafon.

Fahrrad am Bahnhof

Das ganze Jahr über kann man an vielen Bahnhöfen der ÖBB Fahrräder ausleihen (Lichtbildausweis erforderlich). Wer mit der Bahn angereist ist, zahlt nur die Hälfte des Tarifs. Besonders praktisch: Man kann die Räder an jedem anderen Bahnhof mit Verleihservice (innerhalb der Dienststunden) wieder zurückgeben. Telefonische Vorbestellung beim Verleihbahnhof ist ratsam. Verleihbahnhöfe in Vorarlberg: Bregenz, Feldkirch, Hohenems, Nenzing und Rankweil.

Sonderzüge

Sehr beliebt sind die Fahrten mit der *Montafonbahn* (Dampfeisenbahn) und mit der *Museumsbahn Bregenzerwald* zwischen Bezau und Bersbuch. Auskunft beim Vorarlberg Tourismus (s. S. 13) und an den Bahnhöfen Vorarlbergs.

Mit dem Omnibus

Der Busverkehr ist ausgezeichnet organisiert, praktisch jeder Ort ist mit dem Bus erreichbar. Hauptlinien: Oberstdorf – Krumbach – Bregenz; Oberstdorf – Kleinwalsertal; Langen – Zürs – Reutte; Schruns – Bartholomäberg; Bludenz – Bielerhöhe; Bludenz – Lünerseebahn; Bludenz – Faschina; Dornbirn – Lech; Dornbirn – Sibratsgfäll; Bregenz – Hittisau – Balderschwang – Mittelberg.

Kinder von 6–15 Jahre bezahlen den halben Fahrpreis, Kinder unter 6 Jahren fahren gratis.

Besonders einfach, umweltfreundlich und selbst im Vergleich mit dem Auto kostengünstig ist das Reisen im

Verkehrsverbund Vorarlberg

Busse und Bahnen Vorarlbergs sind in einem gemeinsamen Tarifsystem verbunden, können also mit ein und derselben Fahrkarte benutzt werden.

Neben preisgünstigen Einzelfahrscheinen werden auch Streckenkarten (Wochen-, Monats-, Jahresstreckenkarten) und Netzkarten angeboten. Diese Netzkarten sind für Urlauber besonders interessant. Man kann sie als Tages-, Familien-Tages-, Wochen-, Monats- oder Jahresnetzkarten erwerben. Sie gelten ab dem Tag der Ausstellung für beliebig viele Bus- und Bahnfahrten in einer Stadt (Stadtkarten für Bregenz, Bludenz, Dornbirn, Feldkirch), in einer Region (Regionalkarten für die sich teilweise überschneidenden Regionen Rheintal, Oberland, Bezirk Bludenz, Bregenzerwald, Walgau) oder im gesamten Land Vorarlberg (ohne Kleinwalsertal). Auch die Anfahrtsstrecken von Lindau, St. Anton/Arlberg, Buchs und St. Margrethen sind in das Verbundsystem integriert. Alle Zeitkarten sind übertragbar.

Spezielle Ermäßigungen im Verkehrsverbund Vorarlberg auf alle genannten Karten gibt es für Kinder (bis zum vollendeten 6. Lebensjahr fahren sie gratis, bis zum vollendeten 16. Lebensjahr zum halben Tarifpreis), für Senioren (Frauen ab 60, Männer ab 65 Jahre zahlen nur die Hälfte des Tarifs; Lichtbildausweis erforderlich) und für Familien, die eine spezielle Familien-Tagesnetzkarte unabhängig von der Zahl der Familienmitglieder erwerben können. Die Familienzugehörigkeit muß mit dem Vorarlberger Familienpaß nachgewiesen werden, den Urlaubsgäste in ihrem Hotel erhalten.

Mit dem Schiff

Von Bregenz aus können verschiedene Ausflugs- und Bodenseekreuzfahrten unternommen werden: Rorschach (Heiden) – Arbon; Lochau; Alter Rhein – Gaissau/Rheineck – Walzenhausen; Lindau – Friedrichshafen – Insel Mainau. Ferner täglich Motorboot-Rundfahrten in der Bregenzer Bucht.

Die Fahrkarten kann man beim Hafenschalter in Bregenz, Seestraße 4, Tel. (0 55 74) 4 28 68, erhalten. Kinder bis zum 6. Lebensjahr dürfen kostenlos fahren, Kinder bis zum vollendeten 16. Lebensjahr zum halben Preis. Inhaber von Bodensee-Seniorenkarten, ÖBB-Senioren-Ermäßigungskarten, Regionalnetzkarten (Arlberg), Bundesnetzkarten, Rabbit Cards, Eurailpässen, Inter-Rail-Tickets, ÖBB-Familien-Ermäßigungskarten und ÖBB-Schüler-Ermäßigungskarten zahlen die Hälfte.

Bei allen Fahrten (mit Ausnahme der Rundfahrten in der Bregenzer Bucht) ist ein Personalausweis erforderlich.

Mit dem Fahrrad

Neben dem Brandner- und Kleinwalsertal eignen sich insbesondere das Bodenseegebiet und das Rheintal für Radwanderungen.

Der genaue Routenverlauf ist einer Radwanderkarte zu entnehmen, erhältlich bei den örtlichen Verkehrsvereinen. Fahrradverleih s. S. 12 und 15.

Wanderwege

Vorarlberg liegt im Kreuz der europäischen *Fernwanderwege* E 4 (Pyrenäen – Neusiedler See) und E 5 (Bodensee – Adria) sowie der *Weitwanderwege* Nordalpenweg (01) Bodensee – Wien, Zentralalpenweg (02) Feldkirch – Hainburg, Voralpenweg (04) Bregenz – Wien.

Rundflüge

über die Alpen ab Flughafen Hohenems, z. B. Bodensee-Dreiländerflug, Wälderrundflug, Silvrettarundflug (auch Taxiflüge). Fa. Rheintalflug, A-6845 Hohenems, Tel. (0 55 76) 32 22. Heißluftballon-Fahrten bieten an: Firefly Heißluftballonclub, A-6833 Klaus; Ballonteam, A-6922 Wolfurt.

Alpenpässe und Bergstraßen

Ganzjährig geöffnet

Bödele (Losenpaß) 1140 m, 12 % Maximalsteigung.
Hochtannbergstraße 1679 m, 14 % Maximalsteigung.
Arlbergpaß 1793 m, 12 % Maximalsteigung; kann bei Schneefällen kurzfristig geschlossen werden. Arlberg-Straßentunnel zwischen Langen und St. Anton (mautpflichtig).
Flexenpaß 1773 m, 10 % Maximalsteigung.

Nur im Sommer geöffnet

Furkajoch 1761 m, 14 % Maximalsteigung.
Silvretta-Hochalpenstraße 2036 m, 11 % Maximalsteigung; Mautstraße zur Bielerhöhe.

Die *Bergstraßen,* z. B. Wirtatobel, die Straßen ins Kleinwalsertal, ins Großwalsertal bis Sonntag, nach Malbun (Liechtenstein), nach Sulzberg, werden im Winter nach Möglichkeit fahrbar gehalten. Winterreifen sind auf jeden Fall notwendig, Schneeketten sollte man sicherheitshalber mitnehmen.

Informationen über den Straßenzustand erteilen alle Geschäftsstellen des ADAC, des ÖAMTC und des ARBÖ.

Ferien in Vorarlberg

Vorarlberg ist ein ideales Ferienland, für den Sommer- wie für den Winterurlaub. Das Angebot reicht vom gemütlichen Zimmer im Privathaus bis zum komfortablen Hotelzimmer.

Alles, was sich der Feriengast nur wünschen kann, ist hier vorhanden: schöne, auch für Familien geeignete Wanderwege, bequeme Spazierwege, gepflegte Kuranlagen, beheizte Freischwimmbäder und Hallenbäder. Wer den Urlaub sportlich verbringen will, wählt aus einem breiten Angebot aus (s. S. 14).

Kurmöglichkeiten bestehen u. a. in *Reuthe* (Moorkur), *Schrans* (Kneippkur) und in *Bezau* (Bewegungstherapie).

Bergwandern ist leichtgemacht: Zum bequemen Erreichen von Höhen bis 3000 m gibt es Seilbahnen und Sessellifte. Geübte Bergwanderer können von den Höhen aus ihre Bergtouren ausdehnen. Fast für jeden Hobbyurlaub bietet sich Gelegenheit. Erwähnt seien die Töpferkurse in *Krumbach, Bürs* und *Hirschegg,* die Schnitzkurse in *Mittelberg,* die Bastelkurse in *Bezau, St. Gerold* und *Vandans,* die Häkelkurse (Bregenzerwälder Vorhangspitze) in *Damüls* und die Malkurse in *Gargellen, Gaschurn* und *St. Gallenkirch.*

Für den Wintersport bekannt sind die Skigebiete von *Lech* und *Zürs, Schruns* und *Gargellen.* Schneesichere Gebiete *(Damüls)* machen Vorarlberg zu einem Winterurlaubsland ersten Ranges. Zu den bereits genannten Bergbahnen kommen im Winter noch 250 Skilifte hinzu.

Mit Hilfe der Routen ab Seite 32 kann man das Land während des Urlaubs fast vollständig kennenlernen; Vorschläge für Rundfahrten werden ab Seite 19 gemacht.

Für den, der sich über ein Gebiet informieren will, das seinen speziellen Ferienwünschen und -neigungen entspricht, werden anschließend die einzelnen Teile des Landes kurz beschrieben. Nähere Informationen zum Urlaubsangebot erhält man kostenlos bei den unter ❶ angegebenen Verkehrsverbänden.

FERIENGEBIETE

Das Vorarlbergische Bodenseegebiet [1]

Dieses Gebiet eignet sich für Wassersportler, Camper und für alle, die im grünen Voralpenland wandern und dabei den Blick auf den See und auf die hohen Berge genießen wollen. Das Skigebiet liegt am *Pfänderrücken* und ist für Anfänger geeignet.

Besonders schön ist die Zeit der Baumblüte und des Herbstes. Naturfreunde werden an der *Rohrspitz* des Bodensees Freude an der urwüchsigen Ried- und Weidelandschaft haben. Zudem ist es ein Mekka für Vogelfreunde, die hier z. B. Haubentaucher, Kolbenenten, Bläßhühner, Grau- und Purpurreiher, Kormorane und Brachvögel sehen können.

❶ Verkehrsverband Bodensee/Rheintal, Anton-Schneider-Str. 4a, A-6900 Bregenz, Tel. (0 55 74) 4 33 91-0.

Das Rheintal [2]

Das Rheintal umfaßt das Gebiet zwischen *Bregenz* und *Feldkirch* und die in die Ebene auslaufenden Westabhänge des *Bregenzerwaldes.* Es ist dicht besiedelt, bietet aber in seinen Dörfern mehr die einfachere, wenn auch sehr behagliche Atmosphäre des ländlichen Gasthofes. Man ist gut aufgehoben, kann viele Spaziergänge machen, muß aber im Herbst in der Ebene mit Nebel oder zumindest mit Dunst rechnen. Einen Vorgeschmack auf das Gebirge und die Nähe der Ebene bieten die Dörfer an den Abhängen, wie *Ebnit, Alberschwende, Zwischenwasser* mit ihrer schönen Aussicht. Charakteristisch für dieses Gebiet ist der Blick auf die vielgipflige *Säntisgruppe.* Anmutige Wiesenlandschaften findet man in *Rankweil,* aber auch in *Feldkirch.*

An den Westhängen sind gute Skigebiete, wenn auch der Schnee nicht allzu lange liegen bleibt. Den Besuch der Messestadt *Dornbirn* (s. S. 25) kann man sowohl mit einem Ferienaufenthalt im *Rheintal* als auch mit einem Ausflug nach *Liechtenstein* oder in das *Schweizer Rheintal (Buchs, Appenzell, St. Gallen)* verbinden.

❶ Verkehrsverband Bodensee/Rheintal (s. o.). – Verkehrsverband Oberland/Feldkirch, Herrengasse 12, A-6800 Feldkirch, Tel. (0 55 22) 2 34 67.

Bregenzerwald [3]

Der Bregenzerwald ist eines der vielseitigsten Urlaubsgebiete Vorarlbergs. Sowohl im Sommer wie auch im Winter ist er zur Erholung gut geeignet. Saftige Bergwiesen wechseln mit dunklen Wäldern, Berge verlocken zum Bergsteigen, anmutige Täler zu schönen Wanderungen. Hauptorte im Vorderen Wald sind *Hittisau, Lingenau* und *Sulzberg,* während im mittleren Wald hübsche Dörfer wie *Bezau, Schwarzenberg* und *Mellau* mit ihrer weiten Umgebung und dem Ausblick auf das Hochgebirge einen Ferienaufenthalt lohnen. In volkskundlicher Hinsicht ist dieses Gebiet besonders interessant dank seiner Trachten, der Bauweise der Bauernhäuser und des alten Hausrats.

Die Skigebiete mit ihrem Höhepunkt am schneesicheren Bödele und in Mellau werden durch Seilbahnen, Sessellifte und Skilifte gut erschlossen. Die Routen 3, 4, 7 und 10 behandeln diese Gegend.

🛈 Bregenzerwald Tourismus, A-6863 Egg, Tel. (0 55 12) 23 65.

Damüls, Laterns und Großwalsertal [4]

Drei Täler mit engen Schluchten, die zu jeder Jahreszeit reizvoll sind, warten auf den Urlauber. Die Orte liegen oft hoch über dem Talgrund an sonnenbeschienenen Südhängen. Das *Furka-* und das *Faschinajoch* verbinden die drei Täler. Mit der *Mittagspitze,* dem *Hohen Freschen* und hochalpinen Gratübergängen erschließen diese Täler die Schönheit von Bergwanderungen, abgesehen davon, daß sie ausgezeichnete Skigebiete für Anfänger und Könner sind (gute Aufstiegshilfen). Die Routen 11 und 13 beschreiben dieses Feriengebiet.

🛈 Verkehrsverband Großes Walsertal, A-6741 Raggal, Tel. (0 55 53) 2 28.

Das Kleinwalsertal [5]

Mit seinen charakteristischen hohen Bergen *(Widderstein, Hoher Ifen)* ist das Kleinwalsertal ein fast perfekt erschlossenes Urlaubsgebiet. Die Orte *Riezlern, Hirschegg* und *Mittelberg* garantieren einen schönen Urlaub, einerseits durch die reizvolle, vielseitige Landschaft, zum anderen durch die gastfreundliche Betreuung und die Gastronomie. In einem Urlaub kann man das Programm der vielen Wanderungen gar nicht voll nutzen. Zwei Kabinenseilbahnen und mehrere Sessellifte ermöglichen Bergtouren. Lohnend ist ein Abstecher in das leicht zu erreichende, nahe *Oberstdorf/Allgäu* oder zur *Breitachklamm.* Skischulen, Skilifte und Langlaufloipen machen den weißen Sport zum Vergnügen. (Siehe Route 6.)

🛈 Verkehrsamt Kleinwalsertal, Walserhaus, A-6992 Hirschegg, Tel. (0 55 17) 51 14-0.

Der Walgau [6]

Der Walgau erstreckt sich zwischen *Feldkirch, Bludenz* und *Brandnertal* und ist reich an hohen Bergen und lieblichen Tälern. Man sollte die Landschaft nicht durcheilen, sondern irgendwo im Tal (in *Nenzing, Schlins, Bürserberg* oder anderswo) einige Tage Pause einlegen und von dort aus die Höhen erwandern. Kunstliebhaber können besonders hübsche Kapellen wie z. B. die in *Frommengärsch* besichtigen. Ebenso ist ein Besuch in *Feldkirch* oder *Bludenz* lohnend. Viel Zeit neh-

me man sich für den *Nenzinger Himmel* oder das *Brandnertal,* beide Hochgebirgstäler sind von besonderer Schönheit. Im Winter ist das *Brandnertal* ein hervorragendes Skigelände. (Näheres in den Routen 12 und 13.)

ⓘ Verkehrsverband Brandnertal/Bludenz, A-6700 Bürserberg, Tel. (0 55 52) 6 33 17.

Das Hochtannberggebiet [7]

Im *hinteren Bregenzerwald* vermittelt diese Gegend noch Bergeinsamkeit, wie man sie heute nicht mehr oft findet. Ruhig und erholsam ist es in den Walddörfern *Schröcken* und *Warth,* im Sommer wie im Winter. Der *Diedamskopf* und der *Hochtannberg* sind schneesichere Skigebiete. Die Gastronomie ist behaglich mit einem Schuß echter Ländlichkeit.

Eine lange Sesselbahn zum *Diedamskopf* und 10 Skilifte sind Wintersporthilfen und begehrtes Ausflugsziel. Allein schon die Aussicht lohnt einen Aufstieg. Man sollte auch nicht versäumen, den stillen *Körbersee* aufzusuchen. (Siehe Route 4.)

Das Feriengebiet am Arlberg [8]

Dieses Gebiet ist wegen seines Schneereichtums bekannt und wird daher besonders im Winter von einem internationalen Publikum besucht. Ausgezeichnete Hotels und Pensionen sorgen für gute Unterkunft und Verpflegung. Mit insgesamt 77 Liftanlagen stehen die Orte *Zürs, Lech* und *Stuben* mit an der Spitze aller berühmten Wintersportorte.

Aber auch für den Sommer kann dieses Gebiet empfohlen werden. Eine Wanderung zur *Roten Wand* oder zum *Trittkopf* bzw. zum *Madlochjoch* sowie ein Besuch des wilden *Formarinsees* mit den *Lechquellen* bieten echte Urlaubsentspannung. (Routen 5 und 12.)

ⓘ Verkehrsamt Lech, A-6764 Lech, Tel. (0 55 83) 21 61-0. – Verkehrsverband Klostertal, A-6752 Dalaas, Tel. (0 55 85) 2 44.

Das Montafon [9]

Das Montafon ist ein völlig für sich abgeschlossenes Urlaubsgebiet. Oft hat man Gelegenheit, alte Bauernhäuser, Trachten und Bräuche, ja sogar noch Reste der uralten rätoromanischen Sprache kennenzulernen.

Gletscherpracht an der *Silvrettastraße,* luftige Aussicht von *Bartholomäberg,* die überraschende Szenerie der *Drei Türme* im *Gauertal,* alles verbunden mit einem Netz von Wanderwegen, dazu so viele

Montafoner Trachten

Skigebiete, daß man vom „Montafoner Skistadion" sprechen kann – das ist das *Montafon.*

Beim ersten Wintereinbruch wird die *Silvrettastraße* gesperrt, damit ist im Montafon die Sommersaison beendet. Viele Hotels schließen und öffnen ihre Pforten erst wieder zur Wintersaison (Wintersportgebiet *Silvretta Nova*). Wer also in der „Zwischensaison", im Spätherbst, ins *Montafon* fährt, erkundige sich vorsichtshalber nach Unterkunftsmöglichkeiten und Anfahrtswegen. (Route 14.)

ⓘ Montafon Tourismus, Silbertalerstr. 1, A-6780 Schruns, Tel. (0 55 56) 22 53.

RUNDFAHRTEN

Dreipässefahrt

Bregenz – Dornbirn – Bregenzerwaldstraße – Bezau – Mellau – Schröcken – Hochtannbergpaß – Lech – Zürs – Flexenpaß – Arlbergpaß – Stuben – Klostertal – Bludenz – Feldkirch – Bregenz (187 km).

Silvrettafahrt

Bregenz – Feldkirch – Bludenz – Montafon – Silvrettastraße – Bielerhöhe – Paznauntal – Arlbergpaß – Klostertal bis Bludenz – über Thüringen – Schlins – Schwarzenseesattel – Rankweil – Bregenz (26 km).

Burgenfahrt

Bregenz (Besuch auf dem Gebhardsberg, Hohenbregenz) – Wolfurt – Dornbirn

(Rotes Haus) – Hohenems (Schloß, Alt-Ems, evtl. auch Glopper-Wanderung) – Götzis (Fußweg nach Neu-Montfort) – St. Arbogast – Burgkirche Rankweil – Schlößchen Amberg und Dynastenschloß Schattenburg in Feldkirch sowie dortige Stadtbefestigung – Wanderung zur Heidenburg und zurück.

Von Feldkirch aus gibt es zwei Möglichkeiten: In östlicher Richtung über Schlins (Ruine Jagdberg) nach Bludenz (Schloß Gayenhofen und Stadtbefestigung) sowie nach Bürs (Ruine Rosenegg). In südwestlicher Richtung fährt man an Tosters (Burgruine) vorbei, bei Haag über den Rhein und nach Buchs (Schloß Werdenberg und Burgstadt), dann wieder über den Rhein zurück nach Vaduz (Fürstenschloß Liechtenstein) und zur Burg Gutenberg bei Balzers.

BERGWANDERUNGEN

Bei einem Ausflug in die Berge sollten einige Grundregeln beachtet werden. Besonders gefährlich sind für Bergunerfahrene die plötzlichen Wetterstürze, eine häufige Ursache für lebensgefährliche Bergunfälle.

Zweckentsprechende Ausrüstung wird dringend empfohlen, vor allem Bergschuhe und Wetterschutzkleidung. Ein plötzlicher Wetterumsturz kann Erfrierungen und schwere Erkrankungen zur Folge haben. Ein kleiner Regenguß kann gerade im vorarlbergischen Bergland die Wege in tiefen Morast verwandeln.

Vor Antritt einer Bergwanderung in unbekanntes Gebiet sollte man unbedingt die Ratschläge von bergerfahrenen Einheimischen einholen und befolgen oder sich an den Österr. Alpenverein in Bludenz wenden, Tel. (0 55 52) 6 26 39.

Wer nicht allein in die Berge gehen will, kann sich entweder einen Bergführer nehmen oder sich einer Gemeinschaftstour anschließen. Solche Touren werden von den Bergschulen veranstaltet, z. B. von der *Bergschule Hochtannberg* in Schoppernau, von der *Alpinschule Silvretta* in *Gaschurn,* von der *Wander- und Bergsportschule Lech-Arlberg* in *Lech* und von der Bergschule in *Mittelberg (Kleinwalsertal).*

Wandern ohne Gepäck nennt sich ein touristisches Angebot, bei dem der Hotelier das Gepäck zum nächsten Quartier befördert. Information beim Vorarlberg Tourismus (s. S. 13).

Einige besonders empfehlenswerte Wanderungen seien im folgenden genannt.

Maiwanderungen

Von Bregenz: Seilbahn-Auffahrt zum Pfänder (1064 m), von dort Höhenwanderung über Pfänder–Moos–Trögen und Hochberg nach Möggers (948 m); 3 Std. Mit einem öffentlichen Bus fährt man nach Dornbirn.

Von Dornbirn: Zuerst geht die Wanderung an der Dornbirner Ache entlang zur Talstation der Seilbahn auf den Karren (975 m), von dort Bergwanderung auf dem Staufenseeweg in die Rappenlochschlucht zum Staufensee und über Gütle nach Dornbirn zurück; 2 Std. Von der Bergstation führt auch ein Rundweg um den pyramidenförmigen Staufen; 2 Std.

Von Rankweil: Zwei Möglichkeiten bieten sich, von hier aus schöne Wanderungen zu unternehmen. Die eine Tour geht über Batschuns, Muntlix und Dafins nach Viktorsberg und zum „Kirschendorf" Fraxern; insgesamt 4–5 Std. Für die Rückfahrt benützt man einen öffentlichen Bus. Bei der zweiten Tour fährt man zuerst von Rankweil mit dem Autobus nach Übersaxen. Hier beginnt die Höhenwanderung über Dünserberg zum Schnifiserberg; 2 ½ – 3 Std. Nach Schnifis kann man mit der Seilbahn abfahren, von dort geht eine Busverbindung nach Bludenz.

Von Bludenz: Mit dem Autobus hat man eine Verbindung nach Bürserberg und mit der Seilbahn auf die Tschengla. Von hier beginnt eine aussichtsreiche Höhenwanderung über Parpfienz zum Niggenkopf; 3–4 Std. Die Talfahrt macht man am besten mit der Sesselbahn vom Niggenkopf nach Brand; von dort geht es mit dem Bus nach Bludenz zurück.

Juniwanderungen zur Alpenrosenblüte

1. Tag: Vom Ortsmittelpunkt Schruns zur Talstation der Hochjochseilbahn auf die Kapellalpe (1855 m) und mit der Sesselbahn zum Sennigrat (2300 m). Von dort zur Wormserhütte (2358 m; schöne Aussicht) und zurück auf dem „Seeweg" über den Herzsee und den Schwarzsee zur Bergstation Kapellalpe in 2 Std. Abfahrt mit der Seilbahn nach Schruns.

2. Tag: Von Schruns mit dem Postbus nach Latschau und mit dem Schrägaufzug auf die Golmeralp (1890 m). Die Höhenwanderung auf das Golmerjoch (2261 m) ist leicht, benötigt 1 ½ Std. und führt durch Alpenrosenfelder. Wer noch Lust hat, sollte unbedingt zu Fuß bergab zurück nach Schruns; 1 ½ – 2 Std. Sonst kann man den Schrägaufzug und Bus benützen.

3. Tag: Vom Postamt Schruns mit dem Bus (reich an Ausblicken) aufwärts nach Bartholomäberg (1087 m). Die Aussicht von der Kirche auf das Gauertal mit den Drei Türmen ist einzigartig.

Nur langsam steigend an vielen schönen Montafoner Bauernhöfen vorbei, geht die Wanderung zum Kristberg (1443 m) in 2½ St. Für die Talfahrt benützt man die Kristbergseilbahn nach Silberleiten und fährt von dort mit dem Bus zurück nach Schruns.

4. Tag: Bus nach Gargellen und mit der Sesselbahn auf den Schafberg (2130 m). Nun mit Blick auf die Felsriesen von Madrisa (2826 m) und Valisera (2716 m) durch Alpenrosenbestände abwärts in leichtem Gelände zunächst zum schönen Gandasee (1966 m), zur Gargellner Alpe und über Rüti nach Gargellen in 3 Std. Mit dem Bus fährt man (in St. Gallenkirch umsteigen) nach Gaschurn.

5. Tag: Von Gaschurn über die Ill zur Talstation des Versettla-Sesselliftes und Auffahrt bis zum Berggrat (2010 m).

Wer gerne steigt, sollte nun auf die aussichtsreiche Versettla (2372 m) wandern, hin und zurück 3 Std. Wer das nicht tun will, kommt trotzdem zu seinen Alpenrosen, wenn er auf dem Grat abwärts wandert über den Gantakopf (1958 m) zum Alpengasthof mit dem netten Namen „Garfreschahüsli" (1500 m) und hinab nach St. Gallenkirch. Dieser Abstieg ist leicht und dauert 2½ Std.

Blumenwanderung im Spätfrühling

1. Tag: Mit dem Autobus fährt man von der Bahnstation Langen am Arlberg über den Flexenpaß und Lech nach Warth, dann geht es zu Fuß nach Hochkrumbach (1660 m; Gasthof „Adler") und zum Körbersee (1662 m); 4 Std. Übernachtung am besten in Hotels am Körbersee oder in Neßlegg.

2. Tag: Die Wanderung geht über den Kalbelsee nach Hochkrumbach und über den Hochalppaß nach Baad im Kleinen Walsertal; 3–4 Std.

3. Tag: Von Baad zum Starzeljoch (1867 m; mit schöner Aussicht in das Bregenzerach-Tal) und auf bezeichnetem Weg über die Ochsenhofer Scharte (überraschender Blick auf das eigenartige Massiv des Hohen Ifen) hinab zur Schwarzwasserhütte (1628 m); 4 Std.

4. Tag: Aufstieg zum Hohen Ifen (2230 m) mit herrlichem Rundblick und interessanter Alpenflora. Abstieg zur Auenhütte (Gasthof); 5–6 Std.

5. Tag: Von der Auenhütte zu Fuß (1 Std.) oder mit dem Kleinbus nach Riezlern und Auffahrt mit der Seilbahn zur Kanzelwand (2000 m). Nun leichte Bergwanderung fast stets abwärts bis zum „Hotel Schönblick" (Sesselbahn zur Walserstraße und mit dem Bus nach Oberstdorf); Gehstrecke 3 Std. Reiche Alpenflora, aber bitte nicht pflücken, da Pflanzenschutzgebiet.

Höhenweg zum Westrätikon

1. Tag: Von Nenzing (Bahn- und Busstation) durch die Gamperdonaschlucht zum „Nenzinger Himmel" (1370 m); 4–5 Std. Von der Bazulstr. 3 in Nenzing besteht für diese Tour auch ein unregelmäßiger Kleinbus-Verkehr.

2. Tag: Über die Pfälzerhütte (2108 m) auf den „Dreiländerberg" Naafkopf (2571 m) mit berühmter Aussicht, vor allem zur stolzen Schesaplana. Denselben Weg zurück zum „Nenzinger Himmel"; insgesamt 7–8 Std.

3. Tag: Ausruhen in der Schönheit des „Nenzinger Himmels". (Von einer Begehung des Liechtensteiner Weges ist unerfahrenen Bergwanderern dringend abzuraten!)

Sommertage am jungen Lech

1. Tag: Von der Eisenbahnstation Langen am Arlberg fährt man mit dem Bus nach Lech und mit der Seilbahn zum Rüfikopf (2350 m). Von hier führt ein herrlicher Höhenweg in 3 Std. über die Rauhekopfscharte (2415 m) zur Stuttgarter Hütte (2305 m).

2. Tag: Durch das einsame Pazieltal in 1½ Std. nach Zürs. Mit dem Sessellift auf den Seekopf und in 3 Std. über das Madlochjoch (2438 m) zur Ravensburger Hütte (1947 m). Der Hausberg, der Spuller Schafberg (2679 m), ist leicht in gut 2 Std. von der Hütte zu erreichen und bietet eine der schönsten Aussichten im Lechquellengebirge.

3. Tag: Am Spullersee vorbei über den Gehrengrat (2439 m) zur Freiburger Hütte (1918 m) am Formarinsee unter der mächtigen Rotwand; Dauer 5 Std. Ursprung des Lechs.

4. Tag: Gemütliche Wanderung am jungen Lech talauswärts in 4 Std. nach Lech.

Diese herrliche Viertagestour sollte man nur bei beständigem Wetter antreten. Vom Spullersee besteht Abstiegsmöglichkeit nach Klösterle oder Innerwald an der Arlbergbahn in 2 Std. sowie über das Stierlochjoch (2009 m) nach Zug.

Bregenz

Bregenz (400 m; 27 000 Einw.), die Hauptstadt des Landes Vorarlberg, liegt am Fuße des *Pfänders* am Ostende des Bodensees.

GESCHICHTE

Die 34 m über dem Bodensee gelegene Terrasse auf dem *Ölrain* (jetzt Villensiedlung) war schon von Kelten besiedelt. Zur Zeit des römischen Kaisers *Augustus* entstand 15 v. Chr. nördlich des Ölrains aus dem keltischen Brigantion das römische Lager *Brigantium*. Mauerreste sind heute noch neben der evangelischen Kirche zu sehen. 1972 wurde im Stadtzentrum ein 20 m langes Stück der römischen Hafenmole ausgegraben. Brigantium lag an einem Knotenpunkt im Straßennetz des römischen Imperiums nördlich der Alpen. Ende des 5. Jahrhunderts wurde Brigantium alemannisch.

Im Mittelalter war Bregenz Sitz der *Grafen von Bregenz und Montfort* (Burg Hohenbregenz). 1451 und 1523 kam die Stadt an die Habsburger und damit zu Österreich. Ab der Mitte des 17. Jahrhunderts erlangte der Kornhandel für die Wirtschaft der Stadt Bedeutung, das *Kornhaus* [2] wurde 1838–1840 erbaut (heute Stadttheater). Von 1806–1814 gehörte die Stadt zum Königreich Bayern.

Bregenz ist seit 1861 Sitz des Vorarlberger Landtages, seit 1919 Landeshauptstadt und Sitz der Landesregierung. Seit 1872 ist die Stadt an das deutsche und schweizerische Eisenbahnnetz angeschlossen. Die Eröffnung der Arlbergbahn und die Einführung der österreichischen Schiffahrt auf dem Bodensee (1884) brachten Bregenz als Hafenstadt mehr zur Geltung. Die 1902 fertiggestellte Bregenzerwaldbahn (seit 1980 aufgelassen) gab der Stadt den notwendigen Kontakt zu ihrem Hinterland. Das wurde noch verstärkt durch die Eingemeindung von *Vorkloster* (1919), *Rieden* (1919) und *Fluh* (1938). Dazu kam als wichtige Fremdenverkehrseinrichtung 1927 die Seilbahn zum Pfändergipfel (1064 m).

SEHENSWÜRDIGKEITEN

Im Zentrum wendet man sich zuerst zum *Kornmarkt* [1] mit dem

***Vorarlberger Landesmuseum.** Einen halben Tag sollte man sich für den Besuch dieses ungewöhnlichen Museums freihalten, denn er ist ein Gang durch Geschichte und Kunst Vorarlbergs.

In den Treppenaufgängen hängen Gemälde moderner Künstler Vorarlbergs.

Erster Stock: Hier sind urgeschichtliche Tierreste, Funde mit anschaulichen Rekonstruktionen und Karten aus der mittleren Steinzeit bis zur Eisenzeit zu sehen. Hier befinden sich auch die Funde vom Frühkastell Brigantium und der gleichnamigen Stadt, vom Gräberfeld und vom Tempelbezirk.

Zweiter Stock: Beispiele der Vorarlberger Wohnkultur, darunter eine Montafoner Bauernstube, eine Bludenzer Bürgerstube, ferner sind Brauchtum und religiöse Volkskunde thematisch vertreten. Eine reichhaltige Trachtenschau leitet über zu den gewerblichen Erzeugnissen und der Waffensammlung.

Dritter Stock: Die Kunst des Mittelalters. Hier ist die karolingische Flechtwerkplatte von Lauterach ausgestellt, ferner Fun-

Martinsturm

de aus der romanischen Basilika Mehrerau, das herrliche romanische Vortragekreuz von Möggers (13. Jh.), zahlreiche gotische Altäre und Tafelbilder (St.-Annen-Altarflügel von Wolf Huber), Werke von Frosch und Erasmus Kern. Die neuere Kunst ist v. a. mit Angelica Kauffmann, aber auch mit anderen Künstlern des 19. und 20. Jahrhunderts gut vertreten. *(🕓 Täglich außer montags 9–12 und 14–17 Uhr; Eintrittsgeb.)*

Neben dem Landesmuseum steht das ehemalige *Kornhaus* [2], heute Theater am Kornmarkt.

Im *Hafen* liegt die „Hohentwiel“, ein instandgesetzter Raddampfer von 1913.

Neben dem heutigen *Rathaus,* der ehemaligen Stadtkanzlei von 1686, steht die barocke

Seekapelle [3]. Sie wurde 1408 zum Andenken an den Sieg über die Appenzeller Bauern gestiftet. In der Kirche (1696 bis 1698) ist der sehenswerte Renaissancealtar aus Schloß Hofen aufgestellt.

Die Oberstadt betritt man durch das untere Stadttor. Links steht der

Martinsturm [4]. Er ist ein Teil der mittelalterlichen Stadtbefestigung (14. Jh.). Die Zwiebelhaube stammt von 1602. Der Martinsturm, das Wahrzeichen der Stadt, ist das älteste barocke Bauwerk im Bodenseegebiet.

Im Untergeschoß besichtige man die 1361 gestiftete *Martinskapelle* mit schönem Freskenschmuck (1362): an der linken Seitenwand ein heiliger Christopherus, dann der Traum des heiligen Georg und der heilige Martin; darunter die Passion Christi. Die Ostseite zeigt die Jugend Jesu und darunter eine heilige Ursula im Schiff, das Gastmahl des Levi und stehende Heilige. Die Südseite thematisiert die Legende der heiligen Apollonia und Maria zwischen zwei Heiligen. In den Obergeschossen befinden sich das *Heimatmuseum* und das *Vorarlberger Militärmuseum.*

Ein malerisch überdachter Treppenaufgang führt von der Kirchstraße zum

Kapuzinerkloster [5]. An der Klostermauer findet man einen Bildstock mit anbetender Maria und eine Pietà, vermutlich von *Franz Anton Kuen. Michael Kuen* erbaute 1636 die anschließende Kirche.

Pfarrkirche St. Gallus [6]. Der gotische Turm (14./15. Jh.) wurde 1672/73 von *Michael Kuen* barockisiert. Das breite einschiffige Langhaus erfuhr 1737/38 durch *F. A. Beer* eine Erweiterung. Der Hochaltar (1740, von *Johann Georg Brem*) mit vier Heiligenstatuen (Gallus, Petrus, Paulus und Ulrich) trägt ein Gemälde „Anbetung der Könige"von *F. G. Hermann.*

Im Tal unter der Pfarrkirche liegt das

Kloster Thalbach [7]. Das Kloster wurde 1674–1677 von *Michael Thumb* und *Michael Kuen* erbaut, die Klosterkirche 1609/10 von *D. Prato;* sie weist eine Sitzmadonna (Anfang 14. Jh.) und eine Pietà (15. Jh.) auf.

Bei einem Rundgang durch die Oberstadt sollte man sich das *Deuringschlößchen,* das *Alte Rathaus* (ein Fachwerkbau) und die ehemalige „Fronfeste" (heute *Bundesdenkmalamt*) ansehen.

Ein Spaziergang am See mit seinen Blumenanlagen läßt sich mit einem Besuch der *Bühne im See* [8] verbinden (Opern und Operetten, Festspiel- und Kongreßhaus). Die Bregenzer Festspiele werden im Juli und August veranstaltet. Zum Festspielprogramm gehören Gastspiele internationaler Theater und der Wiener Symphoniker. Bei schlechtem Wetter finden die Aufführungen im Festspielhaus statt. *Kartenbüro:* Bregenzer Festspiele, Postfach 311, A-6900 Bregenz, Tel. 0 55 74/49 20-2 24.

Über die Bahnhofs- und dann rechts über die Mehrerauer Straße kommt man zum

Zisterzienserkloster Mehrerau [9]. Das weitläufige Kloster wurde 1080 in Andelsbuch gegründet und 1097 nach Bregenz verlegt. Anstelle einer romanischen Basilika baute *Franz Anton Beer* 1740 bis 1743 eine neue Klosterkirche; sie wurde schon 1808 wieder abgebrochen (Ausgrabungen unter der jetzigen Kirche und im Vorarlberger Landesmuseum zu besichtigen; das ehemalige Klosteramtshaus, 1732, ist jetzt ein Gasthaus). In der modernen Kirche von *H. Purin* sind zwei spätgotische Madonnen zu sehen, beachtenswert ist auch die Betonguß-Skulpturwand an der Fassade von *H. Albrecht.*

PRAKTISCHE HINWEISE

ⓘ Tourismusamt, Anton-Schneider-Str. 4a, A-6900 Bregenz, Tel.0 55 74/4 33 91-0.

🚂 Lindau, Feldkirch, Innsbruck u. a.

🚌 Hochtannberg, Bödele, Bezau u. a.

⌂⌂⌂ „Deuring-Schlößle"; „Mercure"; „Schwärzler"; „Weißes Kreuz" u. a.
⌂⌂ „Deutschmann"; „Central"; „Bodensee" u. a.
⌂ „Zum Grauen Bären"; „Helvetia".

⛺. – 4 ⛺. – Windsurfschule, Tennisanlage, Reithalle, Hallenbad, Fitnesscenter.

UMGEBUNG

Gebhardsberg (609 m). Man kann den schattigen Fußweg gehen (Waldlehrpfad) oder auf der steilen Straße bis zum Parkplatz fahren. Von der vermutlich anstelle eines römischen Wachtturmes erbauten *Burg Hohenbregenz,* die 1647 von den Schweden zerstört wurde, stehen noch die Ringmauern, der Torbau und die Wallfahrtskapelle im ehemaligen Palas. – Auf den

Pfänder (1064 m) gelangt man entweder auf einem Fußweg (1–2 Std., Wegbeginn hinter der Talstation der Seilbahn) oder auf der schmalen und steilen Straße von Lochau bis zum Parkplatz. Die Aussicht ist durch den Gegensatz von Hochgebirgs- und Seelandschaft besonders interessant. Sie reicht vom *Hochvogel* und den vielgipfeligen *Krottenköpfen* zum *Hohen Ifen* (darunter das tief eingeschnittene Tal der *Bregenzer Ache*) zum Gebiet um *Braunarlspitze* und *Hochkünzelspitze* (darunter die *Kanisfluh*), es folgen *Mittagspitze* und rechts neben dem *Hohen Freschen* die *Schesaplana.* Hinter den *Dreischwestern* über dem Rheintal der *Calanda,* hinter den Vorbergen der *Säntisgruppe* der *Tödi.* Greifvogel-Flugschau der Adlerwarte Pfänder (unterhalb der Bergstation der 🚡 Pfänderbahn).

Bregenzer Klause. Lohnend ist ein Spaziergang entlang des Sees zur Bregenzer Klause. Hier befand sich einst an der engsten Stelle zwischen See und Pfänder eine Straßensperre mit starken Mauern vom See zum Steilhang, die sich noch 1744 im Österreichischen Erbfolgekrieg bewährten. Neben dem Schlößchen steht ein alter Torturm. Die Wanderung kann man noch zur Ruine der Ruggburg und bis zum renovierten Schloß Hofen, jetzt Landesbildungszentrum, fortsetzen.

Dornbirn

Dornbirn (436 m; 41 000 Einw.), die aus vier Ortsteilen zusammengewachsene größte Stadt Vorarlbergs, wird wegen ihrer lockeren Bebauung auch „Gartenstadt“ genannt.

Jährlich zweimal werden in Dornbirn Messen abgehalten. So findet jeweils Mitte April die Hobby- und Freizeitmesse und jeweils Ende Juli/Anfang August die Dornbirner Messe als Konsum- und Investitionsgütermesse mit einem wechselnden Angebotsschwerpunkt statt. Dornbirn ist Sitz der Bezirkshauptmannschaft und des ORF-Studios Vorarlberg.

GESCHICHTE

Dornbirn wurde 895 zum ersten Mal urkundlich erwähnt, gehörte 1338 zur montfortischen, ab 1390 zur österrreichischen Herrschaft Feldkirch und entwikkelte sich seit dem Ende des 18. Jahrhunderts zum großen Textilort. 1901 wurde Dornbirn zur Stadt erhoben.

SEHENSWÜRDIGKEITEN

Am Marktplatz steht die

Stadtpfarrkirche [1]. Sie wurde 1839 nach Plänen von *Martin Kink* gebaut. Besondere Beachtung verdient ihr tempelartiger, klassizistischer Säulenvorbau, an dessen Stirnwand das Kriegerdenkmal, ein Fresko von *Josef Huber,* zu sehen ist. Im Innern wird das fünfjochige Schiff von einer Segmentbogentonne überspannt. Der Korbbogen trennt das Schiff vom Chor. Der Innenraum, eine klassizistische Halle, wurde 1969 erneuert. Der Glokkenturm steht frei. Er wurde 1493 errichtet; die Spitze erhielt er 1767.

Das Rote Haus

Gleich neben der Kirche steht das

Rote Haus [2], das 1634 erbaut wurde. Die Giebel- und Wandfelder des berühmten Hauses, eines der ältesten Vorarlbergs, sind mit Rankenornamenten verziert. Sie heben sich eindrucksvoll von dem sonst dunkelroten Anstrich ab, daher auch der Name.

Etwas weiter südlich steht in der Marktstraße das Haus der

Vorarlberger Naturschau [3], ein großes naturkundliches Museum, entstanden aus der Sammlung Siegfried Fussenegger.

Erdgeschoß: Die großräumigen Veränderungen der Landschaften durch menschliche Eingriffe (Wasserkraftwerksbauten, Rheinregulierung) und natürliche Veränderungen (z. B. Gletscherschwankungen) sind erläutert, Großfotos und Gemälde veranschaulichen die Themen.

Erstes Obergeschoß: Die zoologischen Abteilungen zeigen in Dioramen Tiere des Hochgebirges, ausgestorbene Tierarten, Fische des Bodensees und der Gebirgsbäche, Reptilien und Amphibien, heimische Insekten (Käfer, Schmetterlinge) und die Vogelwelt des Naturschutzgebietes Rheindelta am Bodensee.

Zweites Obergeschoß: Veranschaulicht werden die forst- und landwirtschaftlichen Verhältnisse mit dem typischen Alpwesen. Die Wildbach- und Lawinenverbauungen, die Entwässerungen und die Hochwasserschutzmaßnahmen werden erläutert.

Drittes Obergeschoß: Landschaftsgeschichtliche Darstellungen des Eiszeitalters, mineralogische, geologische und paläontologische Sammlungen. Landschaftsgemälde ermöglichen einen Überblick über Vorarlberg. *(🕓 Täglich außer montags 9–12 und 14–17 Uhr; Eintrittsgeb.)*

PRAKTISCHE HINWEISE

🛈 Verkehrsverein, Altes Rathaus, A-6850 Dornbirn, Tel. 0 55 72/2 21 88.

Bregenz, Feldkirch, Arlberg.

Autobusverbindungen in alle Richtungen.

„Rickatschwende"; „Bischof".
„Hotel Katharinenhof"; „Sonne"; „Krone"; „Rose".
„Sonnblick"; „Andreas Hofer"; „Löwen".

„In der Enz". – Tennisplätze und -hallen, Reithalle, Kunsteisbahn, Hallenbad, Waldbad, Minigolf, Squash.

AUSFLÜGE

***Rappenlochschlucht.** Dieses Naturdenkmal ersten Ranges zählt zusammen mit dem *Alploch* zu den interessantesten und größten Klammen der Ostalpen. Zwischen den beiden Schluchten liegt der malerische *Staufensee*. Die Rappenlochschlucht ist durch Steiganlagen zugänglich (im Sommer jeden Donnerstag Gratisführungen).

Karrenseilbahn zum 975 m hohen Karren. Von hier hat man einen umfassenden Blick auf das *Rheintal,* das *Appenzeller Gebiet* und den *Bodensee*. Ein Wanderweg führt von der Bergstation über *Emser Reute* und die *Burg Glopper* (nicht zugänglich) nach *Hohenems* (3 Std.).

Zu empfehlen ist auch der Weg vom Karren zum hochgelegenen malerischen Walserdorf

Ebnit (1075 m). Die an schönen Ausblikken reiche Wanderung dauert 3 Stunden. Der Rückweg lohnt sich durch die Rappenlochschlucht. Zu dieser kann man auch vom Karren in 1 Stunde absteigen. Zum *Hohen Freschen* (2004 m) führt ein guter Wanderweg.

Eine Fahrt zum *Bödele* am Losenpaß (1140 m; schönster Blick in den *Vorderen Bregenzerwald* mit Winterstaude, Hohem Ifen, Witterstein, Kanisfluh, im Hintergrund die Allgäuer Alpen) ist empfehlenswert. – Wintersport- und Wandergebiet.

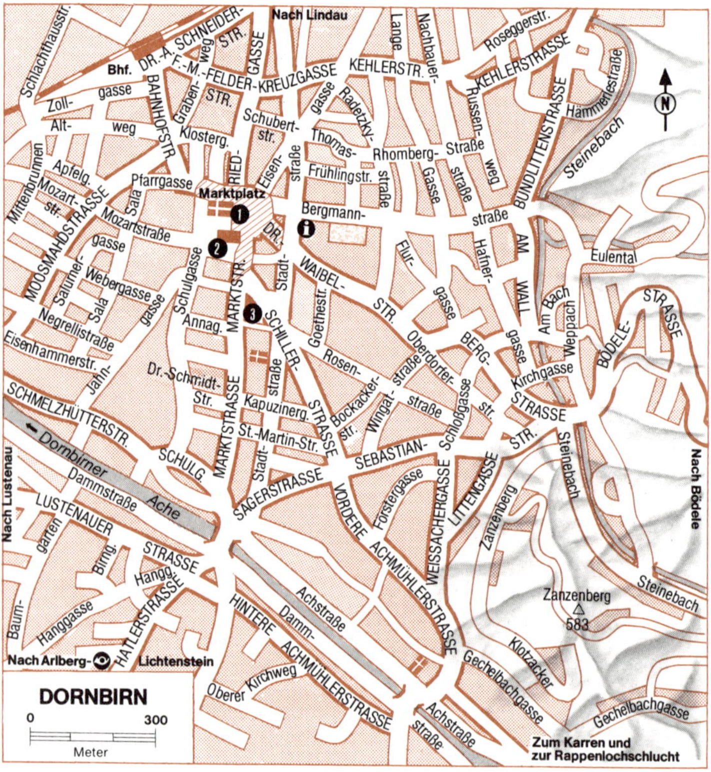

*Feldkirch

Feldkirch (459 m; 26 000 Einw.) gehört zu den Bezirkshauptstädten Vorarlbergs. Es ist eine der kunstreichsten und malerischsten Siedlungen des „Ländles".

GESCHICHTE

Urkundlich wurde die Siedlung Feldkirch, das heutige *Altenstadt*, um die Mitte des 9. Jahrhunderts erwähnt. Südlich dieser Siedlung gründete *Graf Hugo I. von Montfort* unterhalb der Schattenburg einen neuen Ort, der 1218 als Stadt genannt wurde.

Seit dem Niedergang der montfortschen Herrschaft war die Geschichte Feldkirchs eng mit Österreich verbunden. Die Vogtei Feldkirch wurde von österreichischen Vögten verwaltet. Seit der Mitte des 16. Jahrhunderts war Feldkirch Hauptort der landständischen Versammlungen des Vorarlberger Landtags. Feldkirch wurde häufig von Stadtbränden oder Überschwemmungen heimgesucht, zuletzt 1910. Die Stadt ist Pflegestätte humanistischen Gedankenguts seit dem 15. Jahrhundert. 1818 wurde das Generalvikariat Feldkirch errichtet, das zuerst dem Bistum Brixen, dann der Diözese Innsbruck zugeordnet war. Seit 1968 ist Vorarlberg eine eigene Diözese mit dem Bischofssitz in Feldkirch.

Man nennt Feldkirch auch „Studierstädtle". Seit 1416 bestand hier eine Lateinschule, 1649–1773 betreuten die Jesuiten ein Gymnasium. 1856 wurde das berühmte Jesuitenkolleg „Stella Matutina" gegründet, das heute als Landeskonservatorium dient. In der Stadt gibt es eine *Pädagogische Akademie* und eine *Handelsakademie*. Eine vielfältige Industrie hat sich am Stadtrand angesiedelt. Im Jahr 1925 wurden die Gemeinden *Altenstadt, Tosters* und *Tisis* eingemeindet, um der durch Hügel ohnehin eingeengten Stadt mehr Entwicklungsraum zu geben.

SEHENSWÜRDIGKEITEN

Den Rundgang sollte man mit einem Gang um die

Stadtbefestigung [1] einleiten. Reste dieser Anlage sind besonders gut zu sehen, wenn man den Rundgang am Hirschgraben beginnt: Der stattliche Katzenturm (1491) verdankt seinen Namen den „Katzen" genannten Kanonen, die im Turm aufbewahrt wurden. Es folgen das schöne *Churertor* [2], der *Wasserturm* [3] an der Ill, der *Pulverturm* [4] und das *Mühletor* [5]. Das *Bludenzer Tor* wurde 1850 abgerissen.

Bei diesem Rundgang gelangt man auch unter die mächtige

Schattenburg [6]. Mit dem Auto kommt man zu ihr über die etwas enge Burggasse, zu Fuß über die Treppen des Schloßsteiges.

Nach mehreren Veränderungen vor allem Anfang des 15. Jahrhunderts und im 17. Jahrhundert blieb die Burg unversehrt und bietet somit ein gutes Beispiel einer großen Dynastenburg.

Feldkirch mit Schattenburg

Sie wurde als eine der Stammburgen des Geschlechtes der Montforter durch Graf Hugo (1188–1228) begründet, kam 1390 in den Besitz des Hauses Habsburg und war Anfang des 15. Jahrhunderts Sitz der Vogteiherrschaft Toggenburg. Im Dreißigjährigen Krieg wurde sie einschließlich der Stadt 1647 von den Schweden in Besitz genommen. 1812 wurde die stolze Burg versteigert, sie ging an einen Handwerksmeister, der die Erlaubnis erhielt, die Burg zu „demolieren". Später wurde sie ein Armenhaus. Heute wird sie sukzessive restauriert und dient als lebendiges Heimatmuseum.

Die immer noch sehenswerte Burg hat ihre alte Raumordnung behalten. Vor der Brücke zur Burg bietet sich ein schöner Blick zum Rheintal, überragt von der *Säntisgruppe* mit dem *Hohen Kasten*. Das Vorwerk mit den Ruinen des Rundturms stammt aus dem 16. Jahrhundert. Der mächtige Bergfried ist mit 3,50 m Mauerstärke der stärkste Vorarlbergs. Vom Bergfried gelangt man zum malerischen Burghof und zum Palas, in dessen Räumen die Sammlungen des Heimatmuseums untergebracht sind *(🕒 Heimatmuseum dienstags bis sonntags 9–12 und 14 bis 17 Uhr)*.

Das Heimatmuseum, das zugleich auch Montfort-Museum ist, besitzt einige mit Balken und Fresken geschmückte Räume, darunter den ehemaligen Rittersaal. Zur Kulturgeschichte von Stadt und Schloß gehören die Sammlungen von herrschaftlichen und bürgerlichen Möbeln aus der Gotik und Renaissancezeit, ferner Bauernmöbel, Waffen und Rüstungen, kirchliche Kunst in der alten Kapelle, außerdem eine Sammlung von Türschlössern und Münzen. Man sollte nicht versäumen, aus den Fenstern auf die Stadt Feldkirch hinabzusehen.

Von der Schattenburg zur breiten „Neustadt" mit der „Dogana" und dem ehemaligen *Amtshaus* der Fürstabtei St. Gallen [7] kommt man am

Rathaus [8] vorbei, das 1493 vollendet wurde. Nach einem Brand im Jahre 1697 fanden große Umbauten statt. 1932–1937 wurden noch einmal Veränderungen vorgenommen. Das ehemalige Heiliggeistspital wurde mit dem Bau vereinigt. Sehenswert ist der Ratssaal (um 1700) mit der reich geschnitzten Decke. – Benachbart liegt die

****Stadtpfarrkirche St. Nikolaus** [9], nun *Domkirche* genannt. 1478 von *Hans Sturm* aus Göfis umgebaut, ist sie heute eines der besten und seltenen Beispiele des Übergangs von der Spätgotik zur Renaissance. Vom bescheidenen Außenbau unterscheidet sich die schöngewölbte zweischiffige Halle des Innern. Es ist der bedeutendste gotische Kirchenraum Vorarlbergs. An den beiden Seitenaltären sind noch Teile des St.-Annen-Altars von *Wolf Huber* zu sehen, links das Sippenbild, rechts das Beweinungsbild von 1521 und in der Predella das Schweißtuch der Veronika. Beachten sollte man dabei die Landschaftsdarstellung von Wolf Huber, der als gebürtiger Feldkircher Maler zu den Vorläufern der Landschaftsdarstellung in der deutschen Malerei gehört. In-

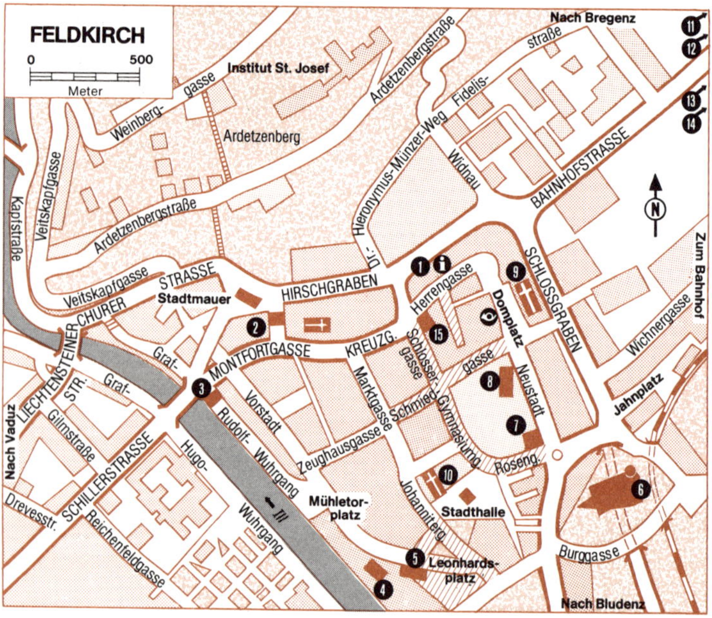

teressant ist auch die schmiedeeiserne gotische Kanzel, die aus einem Sakramentshäuschen hervorging. In der Taufkapelle steht ein barocker Beichtstuhl. Das

Palais Liechtenstein [15], früher Hubamt, ist jetzt städtisches Kulturhaus mit wechselnden Ausstellungen *(🕓 täglich 10–12 und 14–17 Uhr, bei Ausstellungen)*. Stadtarchiv mit Humanistenbibliothek.

Ein Rundgang um die marktähnliche „Neustadt" und den breiten Marktplatz mit dem Blick auf die Gurtisspitze zeigt eine Reihe schöner Bürgerhäuser und Behaglichkeit ausströmende Laubenarchitektur. In der

Johanniskirche [10], die 1218 als Johanniter-Ordenskirche errichtet wurde, sind Gemälde des aus Reutte stammenden Barockmalers *Johann Jakob Zeiller* interessant. Die Kirche ist heute ein Museum für sakrale Kunst. Nahebei die Stadthalle. – Die

Heiligkreuzkapelle wurde von *Graf Rudolf IV. von Montfort* zum Dank für die Rückkehr von einer Pilgerfahrt ins Heilige Land im Jahre 1380 gestiftet. In ihr sind wertvolle gotische Figuren zu sehen, darunter ein hl. Theodul, der Schutzpatron der Walser.

An der Straße nach *Altenstadt* im Ortsteil *Levis* steht das schöne

Wohlwendhaus [11], ein typischer Spätgotikbau aus dem Jahre 1583 mit Rokokodekoration und einer doppelläufigen Prunktreppe. In der Magdalenenkapelle [12] aus dem Mittelalter sind Reste einer gotischen Wandbemalung zu sehen.

Gegenüber am Rücken des Hohen Sattels (752 m) liegt das

Amberg-Schlößchen [13]. Es wurde im Jahre 1502 erbaut; heute ist es wegen seiner Aussicht ein beliebtes Ausflugsziel.

In Altenstadt befindet sich das

Dominikanerinnenkloster [14] aus dem 15. Jahrhundert. Im Kloster steht eine hervorragende Pietà (um 1400), eine Ölberggruppe (Ende des 15. Jhs.) und ein barockes Mystikerkruzifix.

PRAKTISCHE HINWEISE

ℹ Verkehrsverein Feldkirch, Herrengasse 12, A-6800 Feldkirch, Tel. 0 55 22/2 34 67.

🚂 Arlbergbahn, Dornbirn, Bregenz, Buchs – Zürich.

🚌 Zahlreiche Verbindungen.

🏨🏨🏨 „Alpenrose"; „Weißes Kreuz"; „Illpark"; „Bären".

🏨🏨 „Büchel"; „Schäfle"; „Altdeutsche Stuben"; „Post"; „Montfort"; „Löwen Central"; „Löwen-Gasthof".

🏨 „Engel"; „Hochhaus".

⛺. – ⛺ Waldcamping. – Stadthalle, Kunsteishalle, Fitnessplatz, Langlauf.

AUSFLÜGE

Beliebte Spaziergänge sind die zum

Ardetzenberg (631 m) mit einem interessanten Wildpark (Steinböcke) und den letzten Rebhängen sowie der Weg zur *Illschlucht*. Ferner ist ein Ausflug nach

Tisis zu empfehlen, für den man ungefähr eine halbe Stunde benötigt. Hier ist eine hübsche spätgotische Kirche mit Resten von Wandmalereien zu besichtigen. Am nordöstlichen Rand des Schellenberges liegt die Burgruine

Tosters. Der mächtige hohe Bergfried ist Rest einer im 13. Jahrhundert von den Montfortern erbauten Burg, die 1405 im Appenzeller Krieg zerstört wurde.

Etwas unterhalb der Burgruine liegt die gotische *Wallfahrtskirche St. Cornelius und Cyprian* inmitten eines alten Friedhofs, daneben steht eine tausendjährige Eibe. In der neuen *Pfarrkirche* befindet sich eine Erbärmdegruppe aus einer Ulmer Werkstatt vor 1500.

Die *St.-Wolfgangs-Kapelle* wurde 1548 zur Erinnerung an die Gefallenen des Schwabenkrieges von 1499 errichtet. *Antoniuskapelle* auf dem Carinahügel mit kreisförmigem Zentralraum (1685).

Churer Tor in Feldkirch

Bludenz

Bludenz (588 m; 13 500 Einw.) ist wie Bregenz, Dornbirn und Feldkirch Bezirksstadt von Vorarlberg. Die Werdenbergerstadt liegt im Schnittpunkt von fünf Tälern, dem *Walgau,* dem *Großwalsertal,* dem *Klostertal,* dem *Montafon* und dem *Brandner Tal.*

GESCHICHTE

Bludenz entstand an der Stelle einer illyrischen Siedlung und wurde 830 im karolingischen Güterverzeichnis als „Pludono" erwähnt. Die Grafen von Werdenberg bauten es in Konkurrenz zum Montfortschen Feldkirch planmäßig aus. Wegen seiner Lage an der Arlbergstraße gelangte es sehr rasch zu Wohlstand.

Unter Hugo I. von Werdenberg erhielt Bludenz 1274 das Stadtrecht.

Die meisten heutigen Bürgerhäuser stammen aus der Zeit um 1683, also nach dem letzten Stadtbrand. 1394 ging die Stadt durch Verkauf an die Habsburger, deren Vögte von 1418–1806 hier ihren Amtssitz hatten.

Seit jeher war die Stadt auch Viehmarkt für das Montafon. Aus dem einstigen Mittelpunkt des Silberbergbaus entwikkelte sich – nicht zuletzt durch den Bau der Arlbergbahn – eine rege Industrie (Textilien, Schokolade, Bier).

SEHENSWÜRDIGKEITEN

Das Stadtbild wird von der Pfarrkirche und dem Schloß beherrscht. Die

Pfarrkirche St. Laurentius [1], erbaut 1491–1514, wird durch einen gedeckten

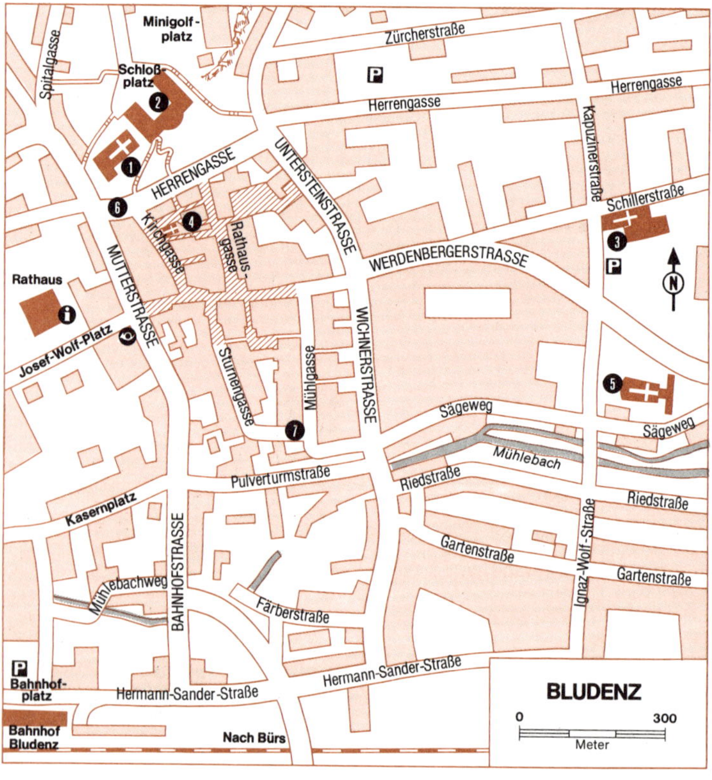

Laubengang in Bludenz

Aufgang erreicht. Auch vom *Oberen Tor* führt ein malerischer Aufgang am Kriegerdenkmal vorüber zur Kirche, die in ihrem Inneren durch die schlichten Formen monumental wirkt. Im Innenraum sind zwei Bildtafeln (um 1510) mit „Mariae Vermählung" und „Heimsuchung" interessant, ebenso die schwarzen Marmoraltäre von 1720. – Das barocke

Schloß Gayenhofen [2] ist heute Sitz der Bezirkshauptmannschaft. – Der Bau des

Dominikanerklosters St. Peter [3] an der Arlbergstraße war Ausgangspunkt der späteren Pfarreien im Montafon und im Klostertal. – In der *Dreifaltigkeits*- oder

Spitalkirche [4] in der Altstadt, einem kleinen Bauwerk von 1472, ist der schöne Altar aus dem Jahre 1686 von *Johann Purtscher* aus Schruns besonders zu beachten. Er gehört zu den besterhaltenen Exemplaren dieser Zeit. – Moderne Kirchenarchitektur zeigt die 1932 errichtete

Heiligkreuzkirche [5]. Der mächtige Kuppelbau stammt von *Otto Linder*.

Die Straßen im alten Stadtgebiet (Fußgängerzone) zeigen vielfach Lauben, häufig geschmückt mit schönen Brunnen.

Von der ehemaligen Stadtbefestigung sind das *Obere Tor* [6] und das *Untere Tor* [7] erhalten. Die Tore sind einfache Walmdachbauten mit Rundbogengang.

Im Oberen Tor ist das *Museum der Stadt Bludenz* untergebracht. Dort kann man Erinnerungsstücke zur Geschichte der Werdenberger Herrschaft, ferner den Muttersberger Altar, Tafelbilder und Möbel aus der Barockzeit sowie ein bürgerliches Wohnzimmer besichtigen *(◷ vom 1. Juni bis 30. Sept. mittwochs und samstags 14–16, sonntags 10–12 Uhr)*.

PRAKTISCHE HINWEISE

ⓘ Verkehrsamt, Werdenberger Str. 42, A-6700 Bludenz, Tel. 0 55 52/6 21 70.

🚆 Feldkirch, Bregenz, Arlberg, Schruns/Montafon.

🚌 Silvrettasee, Lünersee, Großwalsertal bis Faschina, Klostertal – Arlberg – Lech.

🏨🏨🏨 „Schloßhotel Dörflinger"; „Traube". 🏨🏨 „Herzog Friedrich"; „Hotel Einhorn"; „Hotel Löwen"; „Altdeutsche Stuben". 🏨 „Bergblick"; „Muther"; „Staggl".

⛺. – Hallenbad, Tennishalle, Kunstrodelbahn, Radwanderweg bis Feldkirch.

AUSFLÜGE

Zu empfehlen sind Spaziergänge zur *Ruine Rosenegg* und in die *Bürserschlucht* (s. S. 56).

Kunstgeschichtlich interessant ist der Besuch der Kirchen in *Bludesch* (s. S. 54). Bei klarem Wetter sollte man die Tour mit einem Gang über den „Hängenden Stein" verbinden.

Ein beliebter Ausflug ist die Fahrt mit der Kabinenseilbahn zum

Muttersberg (1384 m). An der Bergstation steht ein gutes Panorama-Restaurant, von dort kann man zum *Hohen Frassen* (1979 m) wandern. Vom Frassenhaus (bewirtschaftet) hat man eine hervorragende Aussicht. Es lohnt sich, den Abstieg nordwärts nach *Raggal* zu wählen (Großwalsertal), von dort fährt man mit dem Bus zurück.

Vom *Frassengipfel* hat man einen weiten Blick. Die *Schesaplana* und die *Silvrettagruppe* beherrschen das Panorama. Durch die Muttersbergbahn ist der Höhenweg *Furkla-Katzenkopf* zur *Gamsfreiheit* (2211 m) erleichtert worden. Von hier ist der Rückweg über den *Tiefenseesattel* (1567 m) zur Bergstation (6–7 Std.) zu empfehlen.

Bludenz ist zentraler Ausgangspunkt für Touren in den Rätikon, die Silvretta und den Verwall.

Route 1: Immenstadt – Scheidegg – Bregenz (61 km)

Die Deutsche Alpenstraße (B 308) verbindet *Berchtesgaden* mit *Lindau* (465 km). Bei der folgenden Route wird das Teilstück der Deutschen Alpenstraße beschrieben, das vom *Allgäu* nach *Vorarlberg* führt.

Immenstadt (710 m; 13 800 Einw.) ist ein Städtchen am Eingang in das obere Allgäu. Zu besichtigen sind hier die Barockkirche, das ehemalige Schloß der Grafen von Rothenfels mit sehenswertem Rittersaal, der historische Marienplatz mit Mariensäule und das Heimatmuseum „Hofmühle“. Hallenbad, Tennishalle, beheiztes Freibad.

Stuttgart, Kempten, München u. a.

Nach allen Richtungen.

Sessellift auf den Mittag; Doppelsessellift in Ratholz.

„Lamm“; „Hirsch“; „Drei König“; „Goldener Adler“.

Der Straße weiter folgend, kommt man zum *Großen Alpsee* mit dem Ort

Bühl (750 m; 2 km). Sehenswert ist die Wallfahrtskirche *Maria Loreto* (mit Freskenkopien aus der Santa Casa in Loreto/Italien). Man sollte auch die Pfarrkirche *St. Stephan* besuchen, in deren Unterkirche sich die Heiliggrabkapelle befindet, die nach Zeichnungen des Hl. Grabes in Jerusalem aus Holz nachgebaut wurde. Die fünfeckige Grabanlage ist von einheimischen Künstlern (um 1720) bemalt worden. –

Die Alpenstraße führt nun am *Alpsee* (3 km lang, 50 m tief) entlang. Am nördlichen Ufer verläuft die Bahnlinie München – Lindau – Genf. Die Straße überquert nach *Thalkirchdorf* die europäische Wasserscheide Rhein–Donau (Hündlealp-Sesselbahn) und erreicht

Oberstaufen (792 m; 16 km). Der Ort ist als Heilklima- und Schrothkurort sowie als Wintersportplatz (Weltcuprennen) bekannt.

Lindau – Immenstadt.

Kabinenseilbahn zum Hochgrat (1708 m), 2 Sesselbahnen, 34 Skilifte.

„Zum Löwen“; „Interest“; „Allgäu-Sonne“; „Parkhotel“; „Bayerischer Hof“.
„Hirsch“; „Hochbühl“; „Engel“.

Aach.

Abstecher

Für Kunstfreunde ist eine Rundfahrt von 3 km nach *Zell* (spätgotische Kapelle mit Flügelaltären von *Hans Strigel* und berühmten Fresken) und *Genhofen* (spätgotische Fuhrmannskirche mit Altären aus der gleichen Zeit sowie spätgotischen Wandmalereien an der Chorsüdwand) sehr zu empfehlen.

Die Straßenabzweigung links führt zum hochgelegenen Kurort *Steibis* am Hochgrat () und ins Weißachtal abwärts zur Grenzstation *Aach* in Richtung *Hittisau* (s. S. 35) und *Riefenberg*.

Ein weiterer lohnender Ausflug ist zum sogenannten „Paradies“ (Parkplatz) zu empfehlen. Nach der Fahrt (10 % Steigung) hat man eine schöne Aussicht auf das Weißachtal mit den Bergen des *Bregenzerwaldes* (Mittagspitze, Hoher Freschen), auf die *Appenzeller Berge* (Säntis und Altmann) und nördlich bis ins württembergische Oberland.

Der Route weiter folgend, erreicht man

Oberreute (860–1040 m; 1400 Einw.). Der Ort ist der Ausgangspunkt für einen Besuch von *Sulzberg* (s. S. 35), 6 km.

Die Alpenstraße umzieht nun in einer großen Schleife das obere *Rothachtal*. Nach 27 km kann man links zum Kurort *Weiler* (s. S. 34) und rechts nach *Simmerberg* abbiegen.

Auers (30 km). Abzweigung nach Wangen (16 km).

Man durchfährt nun das Westallgäu, wo man auch heute noch Häuser mit Schindelwänden findet. Die Straße steigt langsam bergan, bei gutem Wetter sieht man die *Säntisgruppe* über dem Rothachtal.

Nach 34 km ab Immenstadt kann zur Stadt

Lindenberg (751 m; 10 000 Einw.) abgebogen werden. Sie wurde bereits 857 urkundlich erwähnt. Hier besteht seit dem 18. Jahrhundert eine bedeutende Hutindustrie. Sie kam aus der Toskana und spezialisierte sich früher besonders auf die Herstellung von Strohhüten (Hutmuseum in der Hirschstr.). Heute ist Lindenberg Sitz großer Betriebe, u. a. für die Milchverarbeitung.

Scheidegg (804 m; 38 km). Der hochgelegene heilklimatische Kurort liegt 1 km von der Alpenstraße entfernt. Sehenswert ist die *St. Gallus-Kirche*. Von hier zog der heilige Magnus, genannt „der Apostel des Allgäus", zur Christianisierung des Allgäus aus. Scheidegg ist ein beliebter Wintersportplatz und Kneippkurort.

Röthenbach.

„Panorama-Kurhotel".
„Post"; „Birkenmoor".

Die Deutsche Alpenstraße fällt nun in der *Rohrachschlucht* in sieben Kurven um 350 m ab. Vor *Niederstaufen* biegt man links von der B 308 ab und gelangt auf dem kürzesten Weg nach *Bregenz* (s. S. 22). An der deutsch-österreichischen Grenzstation *Hohenweiler* (47 km) erreicht man Vorarlberg.

Hohenweiler (509 m) liegt im Bodenseevorland, einer Gegend mit vielen Obstbäumen. Hier mündet die alte Salzstraße Hall–Bregenz. Sie war wegen ihres starken Gefälles am *Ruggsteig* bekannt. Heute ist sie ab Weienried gut ausgebaut. Unter dem Westhang des *Pfänder* liegt das aus dem Edelsitz Gwiggen entstandene *Kloster Maria Stern* (Zisterzienserinnen).

Hörbranz (426 m; 52 km) liegt inmitten von Obstbäumen zwischen dem Grenzfluß Leiblach und dem Pfänder.

„Brauer Hotel"; „Austria Hotel".

Lochau (413 m; 5500 Einw.; 55 km) ist ein Erholungsort sowie Ausgangspunkt für die Straße zum *Pfänder* (1064 m) und für den Wanderweg zur Ruine *Ruggburg* (2 Std.) sowie zum Aussichtsort *Eichenberg*. Auf der Höhe liegen das Landesbildungszentrum und die Hotelfachschu-

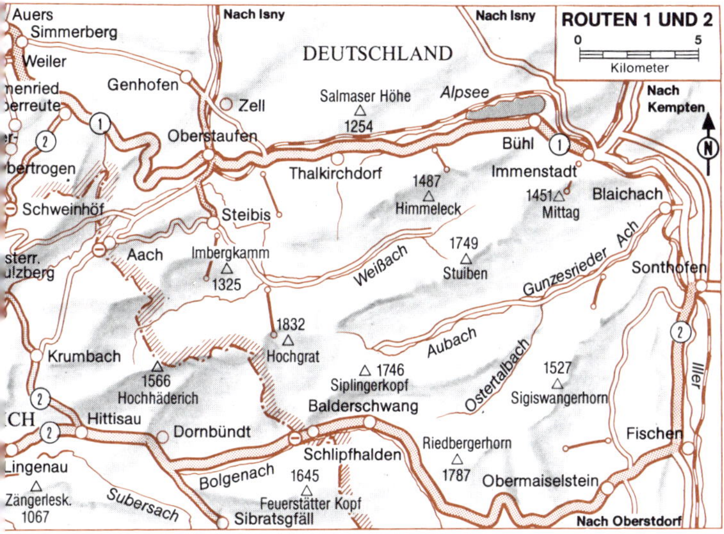

le *Schloß Hofen,* ein gut restaurierter Renaissancebau. Windsurf- und Segelschule, Wasserski, Alpenwildpark, Greifvogelflugschau.

🏨 „Adler"; „Haggen".
⌂ „Seehof"; „Schwedenschanz".

Bei der Einmündung der B 190 öffnet sich der Blick auf den Bodensee, Bregenz mit dem Gebhardsberg, das Schweizer Ufer mit dem Säntis und die Inselstadt ***Lindau* (siehe Polyglott-Reiseführer „Allgäu/Bayerisch-Schwaben").

Bregenz (s. S. 22).

Eine Eisenbahnfahrt von Immenstadt nach Bregenz bietet bis Oberstaufen etwa die gleichen Ausblicke wie eine Autofahrt auf der Straße. Die Bahnlinie wendet sich dann in das wellige Hügelland des Westallgäus und überquert vor *Röthenbach* den höchsten Bahndamm Deutschlands. In drei Kehren fällt die Bahnlinie von *Heimenkirch* ins Bodenseegebiet ab und erreicht über den Damm die Inselstadt *Lindau;* von hier hat man Anschluß nach Bregenz.

Route 2: Sonthofen – Hittisau – Bregenz (66 km)

Eine andere Möglichkeit, Bregenz zu erreichen, ist, *Sonthofen* als Ausgangspunkt zu wählen. Von hier führt die B 19 nach

Fischen (761 m; 7 km), einem schön gelegenen heilklimatischen Kurort, der sowohl im Sommer wie auch im Winter Gäste anzieht.

In *Obermaiselstein* (11 km) kann man die Sturmannshöhle besichtigen.

Kurz hinter Obermaiselstein beginnt die *Riedberg-Paßstraße* (Steigung und Gefälle 12–16 %; im Winter nur mit Schneeketten zu befahren).

🚌 Oberstdorf – Balderschwang.

Von der Paßhöhe (1442 m; 17 km) kann man das ganze Panorama vom *Hochvogel* (2594 m) bis zum *Besler* (1680 m) sehen.

Die Straße führt nun talwärts zwischen dem *Riedbergerhorn* (1787 m) rechts und dem *Hochschelpen* (1552 m) links. Diese Gegend ist als Skigebiet beliebt.

Balderschwang (1044 m; 25 km). Der Ort ist die höchstgelegene deutsche Gemeinde. Von hier ist ein zweistündiger Ausflug zum *Siplingerkopf* (1746 m) lohnend. Beachtung verdienen die bizarren „Spießwände".

Bis zum Grenzort *Schlipfhalden* sind es von Balderschwang noch 3 km. Hier kommt man in das Gebiet des *Vorderen Bregenzerwaldes.* Er wird durch das tiefeingeschnittene *Subersachtal* vom *Innerwald* getrennt.

Auf schmal gewordener Straße geht es neben der *Bolgenach* abwärts bis nach *Dornbündt* (34 km).

Abstecher:

Von hier erreicht man nach 5 km

Sibratsgfäll (929 m; 380 Einw.). Die Steilabstürze der *Gottesackerwände* und des *Hohen Ifen* sind von hier zu sehen.

Radwanderweg.

🏨 „Ifenblick"; „Marxgut".
⌂ „Alpenrose"; „Nußbaumer".

Zu empfehlen ist der Fußweg von 5 Stunden über *Rohrmoos* nach *Oberstdorf.* In Rohrmoos sollte man die 1568 erbaute Kapelle besuchen. Besonders interessant ist die aus Brettern ausgeführte Deckenverschalung, die sich tonnenartig über den Kapellenraum wölbt. Der Chor ist ebenfalls durch eine korbbogige Brettertrommel abgeschlossen. An der Westwand befindet sich das Fresko „Das Jüngste Gericht" nach Stichvorlagen des Niederländers *Maarten van Heemskerck.*

Die Route geht weiter über

Hittisau (790 m; 1630 Einw.; 37 km). Der Ort ist der größte des *Vorderwaldes* mit einem schönen Dorfplatz und großer Kirche. Stausee Bolgenach. Alpsennereimuseum.

Touren auf den *Hittisberg* (1328 m), die *Winterstaude* (1878 m) und den *Hochgrat* (1833 m) sind empfehlenswert.

🚌 Im Sommer Oberstdorf – Hittisau – Bregenz; Bregenz – Hittisau; Hittisau – Dornbirn und Oberstaufen.

🏨 „Krone"; „Ochsen".
⌂ „Zum Adler".

Zweigt man in Hittisau nach Norden ab, erreicht man nach 4 km

Krumbach (650–900 m, 920 Einw., 41 km), das inmitten einer malerischen Wald- und Wiesenlandschaft liegt. Sehenswert ist die Rokokokirche.

Doren (709 m; 46 km) liegt nur 5 km weiter. Die Aussicht in den *Bregenzerwald* erweitert sich noch, wenn man hier den Hang hinaufgeht (½ Stunde).

Von Doren gelangt man nach 4 km nach

Sulzberg (1015 m; 1600 Einw., 50 km). Der stattliche Dorfplatz der Gemeinde ist von Gasthäusern umgeben. Er bietet einen umfassenden Rundblick auf die *Allgäuer Alpen* und die *Schweizer Berge* sowie vor allem auf den Bregenzerwald.

Fährt man die Straße in nördlicher Richtung weiter, so kommt man nach 6 km bei *Oberreute* (56 km) wieder auf die Deutsche Alpenstraße (s. S. 33).

Der direkte Weg von Hittisau nach Bregenz führt über *Lingenau* und *Müselbach* nach *Alberschwende,* wo die Straße rechts abzweigt. Sie führt über *Schwarzach* nach *Wolfurt* und weiter direkt nach Bregenz (66 km, s. S. 22). Es ist der Weg durch den Vorderen Bregenzerwald, ein Landschaftsbild aus Hügelstrichen, Almgebieten und Flußauen, umgeben von Hochgebirgen.

Wirklich geöffnet für den Verkehr – im modernen Sinne – wurde der Bregenzerwald erst nach dem Zweiten Weltkrieg. Landes- wie Bundesstraßen sind mittlerweile hervorragend ausgebaut, erschließen das Gebiet aber nicht lückenlos. Die B 200 läuft teilweise parallel zur Bregenzer Ache, deren windungsreiches und tief eingeschnittenes Flußbett sich vom Hochtannberg zum Bodensee zieht. Der Vordere Bregenzerwald wurde von alemannischen Bauern besiedelt, deren typische Häuser Ähnlichkeit mit denen des Appenzeller Landes auf der anderen Rheinseite aufweisen. Kennzeichen sind die mit Holzschindeln verkleideten Fassaden sowie die durch ein kleines Vordach geschützten Fensterreihen an der Wetterseite.

Haus im Bregenzerwald

Lingenau (687 m; 1300 Einw.) zählt zu den Orten des Bregenzerwaldes, die schon im 19. Jahrhundert einen Namen als „Sommerfrische" hatten. Heute ist die älteste Ortschaft des Vorderen Bregenzerwaldes („Lindiginowe", „von Linden umstandene Aulandschaft") ein Kurort mit Kurcenter (Rheuma). Den Kern bildet der Ortsteil Hof mit der *Pfarrkirche,* deren heutige Form aber erst rund 100 Jahre alt ist. Außerhalb des Dorfes, an der Straße nach Müselbach, sollte man sich die mittelalterliche Kapelle *„Heilige Anna auf dem Felde"* ansehen. Sie wurde 1722 durch den Lingenauer Baumeister Konrad Nussbaumer und den Zimmermeister Konrad Bilgeri abgerissen und barock neugebaut. Es handelt sich um einen ungewöhnlich qualitätsvollen Zentralbau mit geschwungener Holzschindel-Verdachung.

Beachtenswert ist ferner die *Lingenauer Brücke,* eine Stahlbeton-Hochbrücke von 210 m Spannweite, 1964–1968 nach einem Entwurf von Franz Aigner errichtet. In einer Höhe von 90 m überquert sie das Tal der Bregenzer Ache. Interessant ist der Vergleich mit der alten *Gschwendtobel-Brücke* über die Subersach. Sie wurde 1830 nach Plänen des Suez-Kanal-Erbauers Alois Negrelli als gedeckte Holzbrücke mit sechsfach verstärktem Hängesprengwerk errichtet. Der *Drahtsteg,* eine Hängebrücke, war bis zu Beginn des vorigen Jahrhunderts die einzige Verbindung zwischen Lingenau und Egg (schöner Wanderweg).

Dornbirn, Bregenz.

„Meusburger"; „Bechter"; „Faißt"; „Adler"; „Löwen"; „Waelderhof".
Feurstein.

Für eine kleine Rundwanderung bietet sich der Ort

Alberschwende (721 m; 2500 Einw.) als Ausgangspunkt an (s. S. 44).

Über Stölzen geht es zur *Breitentobel-Alpe* und zum *Vorsäß-Berg.* Weiter über Brittenberg nach Maien (Gasthof), dann Lorena und die Vorsäßhütten von *Hochegg,* die prachtvolle Blicke auf die terrassierten Landschaften des Vorderen und Hinteren Bregenzerwaldes ermöglichen (Laufzeit insgesamt 2–3 Std.). Durch das Naturschutzgebiet *Farnachmoos* gibt es geführte Wanderungen.

Von Alberschwende führt eine Straße direkt nach *Schwarzach,* einem Ferienort im Rheintal. Auf der Weiterfahrt passiert man *Wolfurt,* die letzte Ortschaft vor *Bregenz* (s. S. 22).

Route 3: *Füssen – Reutte – Lechtal – Warth – Hochtannbergpaß – Schröcken – Schoppernau – Au (99 km)

Diese Route stellt den idealen Anfahrtsweg nach Vorarlberg für alle Reisenden aus dem Gebiet Augsburg – Landsberg – Weilheim über die B 17 dar.

***Füssen** (800 m; 14 000 Einw.) liegt am Austritt des *Lechs* in die Ebene. Das **Hohe Schloß* und die Befestigungsanlagen stammen aus dem 14. Jahrhundert.

Am Zollamt *Weißhaus/Schwarzhaus* vorbei führt die Straße über die *Ulrichsbrükke* (der Lech ist hier nur ein Rinnsal) nach

Reutte (854 m; 14 km), dem Hauptort des Tiroler Bezirkes *Reutte-Außerfern*. Die schönen Häuser in der Marktstraße deuten auf den blühenden mittelalterlichen Handelsverkehr hin. Von hier hat man einen schönen Blick in das beginnende *Obere Lechtal* (siehe Polyglott-Reiseführer „Tirol" und „Allgäu/Bayrisch-Schwaben"). Hahnenkamm-Bergbahn, Alpenblumengarten.

. – .

Nach der Lechbrücke führt die B 198 durch mehrere Dörfer nach

Weißenbach (22 km). Dort zweigt die Tannheimer Talstraße Nr. 199 nach *Tannheim, Oberjoch* und *Hindelang* ab.

Der Route weiter folgend, gelangt man nach *Forchach* und

Stanzach (940 m; 400 Einw.; 33 km), von wo Nebenstraßen ins *Namlostal* und nach *Hinterhornbach* führen. Das Panorama ist großartig: rechts die Südseite des *Hochvogels*, dann die felsstarrende *Hornbachkette*, links die *Lichtspitze* (2357 m).

ins Lechtal.

Elmen (978 m; 39 km). Hier erhebt sich die kühne *Urbeleskarspitze* (2636 m). Eine lohnende Nebenstraße führt nach *Bschlabs, Boden* und über das *Hahntennjoch* (1884 m) nach Imst (30 km). Die *Elmer Kreuzspitze* (2482 m) bietet eine gute Aussicht. In den Seitentälern gegen Süden zeigen sich die Hauptberge der wilden, einsamen Lechtaler Alpen. Schönes Wander- und Klettergebiet, Naturlehrpfad, Aulandschaft.

Häselgehr (1003 m; 44 km) ist der Ausgangspunkt für die *Hornbachkette* und die *Lechtaler Alpen* (Gramais 7 km). – .

Elbigenalp (50 km). Von Interesse ist hier die Mutterkirche des Lechtales, in reizvollem Barock, daneben eine gotische *Kapelle* mit dem Totentanz von Anton Falger. Einzige Schnitzschule Österreichs. Es folgt

Holzgau (1103 m; 58 km) mit seinen vielen bemalten Häusern. Durch das *Höhenbachtal* führt von hier ein Fußweg in sechs Stunden nach *Oberstdorf*.

Die B 198 führt nach

Steeg (1122 m; 680 Einw.; 62 km). Eine Landstraße führt in die Gemeinde *Kaisers* (1536 m), mit Blick auf die *Valluga* (4 km).

Auf gut ausgebauter Straße fährt man weiter zu den Ortsteilen *Lechleiten* und *Gehren* (1539 m). Über der tiefen Lechschlucht lohnt sich eine kurze Rast für einen Blick in die letzte Wildfluß-Landschaft der Nordalpen.

Im weiteren Verlauf der Fahrt erreicht man die Grenze Tirol/Vorarlberg.

Warth (1500 m; 200 Einw.; 74 km). Von hier hat man einen prachtvollen Blick auf den *Biberkopf* (2602 m), den südlichsten Punkt Deutschlands. Unter dem *Wartherhorn* liegt ein ideales Erholungsgebiet mit vielen modernen Hotels und Gaststätten. Außerdem ist es ein ideales Skigebiet (14 Sesselbahnen und Lifte).

Langen am Arlberg, Dornbirn, Reutte.

In Warth zweigt die Flexenstraße ab zum *Arlberg* (20 km) bzw. nach *Bludenz* (50 km; s. S. 30).

Die *Hochtannbergstraße* führt in Alpweidegelände empor (im Winter hervorragendes Skigebiet), durchquert eine Lawinengalerie sowie einen Tunnel und erreicht die Höhe des

Hochtannbergpasses (1679 m; 79 km) unter dem mächtigen *Widderstein* (2536 m). Von dort erreicht man die Widdersteinhütte (2000 m) leicht in 1¼ Stunden.

Hochkrumbach, früher eine der ältesten Walsersiedlungen (hier war auch das Gerichtshaus am Tschirgen, das für die Gemeinde Mittelberg-Kleinwalsertal zuständig war), gehört heute zur Gemeinde Warth, ist aber entvölkert.

Von hier gibt es Übergänge über den *Hochalppaß* oder *Gemstelpaß* ins Kleinwalsertal (*Mittelberg*, 4 Std.) und zur Mindelheimer Hütte (3 Std.).

Den Besuch des *Körbersees* (1662 m; 1 Std.) sollte man nicht versäumen.

Die Straße (bis 14 % Gefälle) fällt nun am aussichtsreichen *Neßlegg* (Gaststätte) vorüber (links sieht man die *Braunarlspitze* mit Gletscher) in mehreren eng aufeinanderfolgenden Kurven in den Kessel von

Schröcken (1269 m; 214 Einw.; 84 km) ab. Hier ist ein gutes Skigelände mit 7 km Abfahrten und 14 Skiliften.

Bregenz, Dornbirn.

„Widderstein"; „Mohnenfluh".
„Berghof"; „Sonneck".

Wanderer gehen gerne von *Unterboden* über den *Schadonapaß* (1862 m, Biberacherhütte) ins Großwalsertal nach *Buchboden* (6 Std.).

Über die *Hochtannbergbrücke* führt die Straße weiter abwärts unter der kühnen *Hochkünzelspitze* über *Bad Hofreben* nach

Schoppernau (864 m; 900 Einw.; 94 km). Der erste Ort des Bregenzerwaldes ist schön gelegen inmitten einer Wiesen- und Berglandschaft (Museum). Tennisplätze, Freischwimmbad, Klettergarten, geführte Bergwanderungen, Sommererlebnisprogramm.

Die beiden Sektionen der *Diedamskopfbahn* (zuerst ein Höhenunterschied von 865–1600 m, 2100 m lang, dann 450 m Höhenunterschied bis 2050 m, 1650 m lang) führen in 36 Minuten Fahrzeit zum 2100 m hohen Diedamskopf (10 Minuten zu Fuß) mit großartiger Aussicht. Auch die Wanderung über das *Starzljoch* (Gaststätte) nach *Baad* (Kleines Walsertal) in 4 Stunden ist lohnend. In Schoppernau beginnt die Paddelstrecke auf der *Bregenzer Ache* bis zum Bodensee.

„Krone"; „Hirschen".
„Edelweiß". – „Adler"; „Strolz".

Von Schoppernau führt die Straße nach

Au (s. S. 45), 99 km.

Die hier beschriebene Strecke ab Reutte ist nicht ans Eisenbahnnetz angeschlossen.

Reutte – Warth, Bregenz – Warth.

3

Route 4: Landeck – St. Anton – Bludenz (67 km)

Diese Route stellt die Verlängerung des Anfahrtswegs über Innsbruck – Telfs – Imst – Landeck auf der A 12 oder der Anfahrt über Garmisch-Partenkirchen – Fernpaß – Imst – Landeck auf der B 187, B 314, B 189 und A 12 dar.

Landeck (816 m; 7500 Einw.). Das malerische Städtchen ist der Hauptort des Oberinntals. Sein Reiz wird durch die Wandmalereien und geschnitzten Erker an den vielen typischen Oberinntaler Häusern erhöht (Schloß, 13. Jh., Museum, gotische Pfarrkirche).

Von Landeck führt die ausgezeichnet ausgebaute B 316 neben der *Rosanna* an alten Handelsdörfern vorbei bergauf. Kurz nach *Pians* hat man einen guten Blick auf die *Trisannabrücke* mit der Burg *Wiesberg*. Hier zweigt die Straße durch das *Paznauntal* zur *Silvrettahöhe* (44 km) ab.

Unter der gewaltigen *Parseierspitze* (3038 m), dem höchsten Berg der *Lechtaler Alpen,* führt die Arlbergstraße (links der *Hohe Riffler,* 3168 m) weiter aufwärts in den bekannten Wintersportort

St. Anton am Arlberg (1304 m; 2200 Einw.; 28 km). Er ist zusammen mit den Ortsteilen *St. Christoph* und *St. Jakob* das berühmteste Fremdenverkehrszentrum des Arlberggebietes.

ℹ Tourismusverband, A-6580 St. Anton am Arlberg, Tel. 0 54 46/2 26 90.

🚆 Innsbruck – Feldkirch.

🚌 St. Christoph, Lech, Zürs.

🏨🏨 „Schweizerhof"; „Arlberg"; „Mooserkreuz"; „Schwarzer Adler".
🏨 „Ebner"; „Friedheim"; „Montjola"; „Tschol".

Der Arlberg ist die uralte Grenze zwischen *Tirol* und *Vorarlberg,* die genau über den Paß verläuft. Sie war stammesmäßig so scharf ausgeprägt, daß der Spruch ging „Was Gott getrennt hat, soll der Mensch nicht durch ein Loch verbinden", als man beide Länder durch den Arlbergtunnel verband. Der Arlberg selbst ist kein Berg, sondern eine 1797 m hohe Einsattelung zwischen Roggal-, Valluga- und Schindlerspitze im Norden und Kaltenberg im Süden.

Die Arlbergstraße war früher eine äußerst wichtige, aber gefährliche Handelsstraße, vor allem für den Salztransport. Bis ins 19. Jahrhundert reichen die Berichte von Schnee, Eis und Tod. Seit dem Mittelalter gibt es auf beiden Paßseiten klösterliche Hospize. Berühmt ist die Gründung von *St. Christoph,* das 1386 mit Stiftungen durch Heinrich Findelkind von Kempten gebaut wurde und bis heute Stiftungsgelder für die Bergwacht aufbringt. Die erste durchgehende Postverbindung wurde 1825 errichtet, seit 1884 durchquert die Arlbergbahn den Paß. Wintersichere Anreise ist durch den 14 km langen Arlberg-Straßentunnel möglich.

Ausflüge:

Von *St. Anton* wie von *St. Christoph* führen Ausflüge auf den *Galzig* (2185 m), von dort weiter zum *Vallugagrat* und zum *Vallugagipfel* (2809 m; 🚡). Ähnlich schöne Ausflugsziele sind der *Kapall* (2333 m) und der Schindlergrat (2637 m; 🚡).

Die B 197 windet sich hinter *St. Christoph* zum *Arlbergpaß* (1793 m; 12 % Steigung) empor, von wo etwas rechts abwärts die

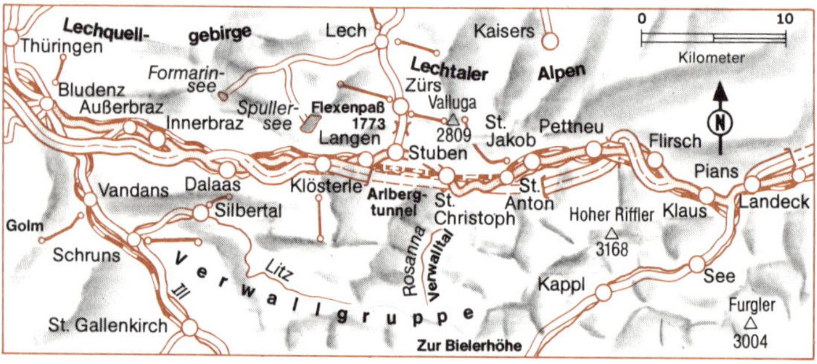

Straße über den Flexenpaß nach Zürs und *Lech* abzweigt. Hier verläßt die Straße Tirol und steigt entlang der *Alfenz* durch das vorarlbergische *Klostertal* hinunter nach

Stuben (1409 m; 100 Einw.; 41 km). Es ist von hohen Gebirgszügen mit schönen alten Häusern umgeben. In Stuben wurde des Begründer der Arlberg-Skischule, Hannes Schneider, geboren. Klostertaler historischer Wanderweg bis Braz, 30 km.

Sessellifte zum *Albonagrat* (2358 m) und Valfagehr (2281 m). Liftverbindung nach St. Anton–St. Christoph.

⌂⌂⌂ „Hubertushof".
⌂⌂ „Post"; „Mondschein"; „Arlberg".
⌂ „Scesaplana"; „Sonnblick".

Durch eine Lawinengalerie führt die Straße weiter nach

Langen (1218 m; 45 km), dem westlichen Ausgang des Arlbergtunnels (s. S. 38). Von hier lohnt sich die schöne Rundwanderung über den *Spullersee* zum *Madlochjoch*, dann Abfahrt mit der Seilbahn nach *Zürs* und von dort mit dem Bus wieder nach Langen.

Klösterle (1069 m; 48 km). Im Jahre 1218 wurde hier ein Hospiz der Johanniter gebaut, das besonders für die Pilger gedacht war, die über den Arlbergpaß zogen. Eine Seilbahn führt von hier zum *Sonnenkopf* (1840 m). Sie erschließt zusammen mit Anschlußliften das Wander- und Skigebiet zwischen *Kloster-* und *Silbertal*.

⌂⌂ „Klostertaler Hof"; „Arlberger Hof".
⌂ „Chesa Raetia"; „Christian Haus"; „Blisadona"; „Brunella". – ⛺.

Neben dem rauschenden *Alfenzbach* (die Arlbergbahn liegt etwas höher und gewährt dadurch bessere Ausblicke) führt die Straße am *Spullerseekraftwerk* in Danöfen abwärts nach

Dalaas (836 m; 1570 Einw.), eine typische Streusiedlung am Berghang. Die barockisierte gotische *Pfarrkirche* aus dem 15. Jahrhundert besitzt reich geschmückte Barockaltäre und eine Rokokokanzel von einheimischen Künstlern.

Der Ort eignet sich gut als Ausgangspunkt für Bergwanderungen ins *Klostertal*, in die *Lechtaler Alpen* oder in die *Verwallgruppe;* Doppelsesselbahnen schweben auf 1840 m Höhe in das *Sonnenkopfgebiet* (Skigelände, 8 Skilifte). Die Wanderung zur Freiburger Hütte (1931 m) am *Formarinsee* (Lechquelle) wird wegen ihrer Aussicht besonders gern unternommen, ebenso die zum *Spullersee.*

Innsbruck, Landeck, Bludenz, Feldkirch.

⌂ „Christberg"; „Post". – ⛺.

Zwischen *Itonskopf* (2089 m) und *Roggelskopf* (2284 m) senkt sich die Arlbergstraße hinab nach

Braz (700 m; 1612 Einw.; 64 km) unter der mächtigen *Gamsfreiheit* (2211 m). Es besitzt eine sehenswerte Barockkirche.

Innsbruck, Landeck, Bludenz, Feldkirch.

⌂⌂ „Walch". – ⌂ „Rößle". – ⛺.

Die Straße führt nun nach *Bludenz* (s. S. 30), 67 km. (Historischer Wanderweg nach Dalaas.)

Die Route 4 kann man – nahezu parallel zur Straße – auch als Bergwanderung unternehmen: Die Tour ist lang, doch gibt es immer wieder Abstiege, die in kurzer Zeit zur Talstraße (und) führen.

Von *St. Christoph* (1765 m) geht der Pfad kurz nach der Talstation der *Galzigbahn* links (Paul-Bantlin-Weg) aufwärts. Bald hat man einen schönen Blick auf den *Albonasee.* Unter den Nordhängen des *Peischelkopfes* (2412 m) wandert man mit Blick auf die Vallugagruppe über die *Stubiger Alpe.* Nun wird die Flexenpaßstraße mit den Galerien sichtbar. Nach 3 Stunden erreicht man die *Kaltenberghütte* (2089 m), Abstieg nach Langen möglich. Der Stubener Weg führt um den *Rauhen Kopf* herum (Blick auf *Klösterle* und das *Alfenztal*). Oberhalb der *Bettleralp* unter der Westseite des *Kaltenbergs* (2896 m) führt der Weg zur *Reutlinger Hütte* (2395 m).

Der Stubener Weg leitet dann durch das *Gaflunatal* hinab. Nach 1½ Stunden mündet er in das Talsträßchen, das, neben der *Litz* allmählich fallend, zwischen dem *Hochjoch* (2520 m) und (rechts) der *Silbertaler Lobspitze* (2605 m) nach *Silbertal* führt. Von hier kann man mit dem Bus nach *Schruns* und dann mit der Eisenbahn nach *Bludenz* fahren.

Von *Silbertal* geht es mit der Kristbergbahn aufwärts (Besichtigung der *Knappenkapelle,* s. S. 58) und dann zu Fuß westlich auf den *Itonskopf* (2089 m; Aussicht in das Montafon und nach Bludenz). Auf dem Grat geht man zum *Wannaköpfle* (2032 m), dann westlich zum Gratvorsprung und nun südlich nach *Bartholomäberg* (von hier Bus nach *Bludenz*).

Route 5: *Oberstdorf – Riezlern – Mittelberg – Baad (19 km)

***Oberstdorf** (843 m; 11 300 Einw.). Die Marktgemeinde ist das „oberste Dorf" im *Allgäu,* im Herzen der Allgäuer Hochalpen am Ausgangspunkt von sieben Hochgebirgstälern, und die südlichste Gemeinde Deutschlands. Hallen-Brandungsbad, Eislaufzentrum.

Immenstadt – Kempten, Ulm, Augsburg, München, Lindau.

Lindau – Füssen – Garmisch; Kleinwalsertal bis Baad; Sonthofen, Hindelang, Reutte.

Nebelhornbahn bis zur Bergstation (1932 m), von dort mit dem Sessellift bis zum Gipfel (2224 m); *Fellhornbahn* zum Fellhorn (2037 m); *Söllereckbahn* (1400 m), Talstation an der Straße ins Kleine Walsertal; Skilifte.

„Filser"; „Frank"; „Adula" u. a.
„Baur"; „Steinacker" u. a.
„Adler"; „Berggasthof Kornau" u. a.

Kornau (3 km).

An der Rubistraße.

Die *Walserstraße* B 19 führt westlich von Oberstdorf an alten Bauernhäusern vorbei, die den großen Brand im Jahr 1865 überstanden haben, über die *Stillach,* einen der drei Quellflüsse der *Iller* (neben Trettach und Breitach), und in einer weit ausholenden Kurve aufwärts, wobei sich das ganze Panorama rings um Oberstdorf zeigt. Der Einblick in die Täler ist reizvoll.

Der Straße folgend, gelangt man zur Talstation der *Söllereckbahn* (bis 1400 m), die in ein ausgezeichnetes Skigelände führt. Von der Bergstation führt ein Höhenweg nach *Riezlern* (2½ Std.). Auch die Tour von der Station zum *Söllereck* (1706 m) ist sehr lohnend (beide nur im Sommer).

Zuerst noch steigend, dann kurvenreich, erreicht die B 19 die Bundesgrenze (ohne Zoll) bei dem Hotel () „Walserschanze" (1014 m; 5 km). Hier verlief die ehemalige Grenzsperre aus dem Dreißigjährigen Krieg.

Ein schattiger Fußweg (20 Min.) führt zur bekannten *Breitachklamm,* deren Felswände bis zu 100 m ansteigen. Die beiden Wahrzeichen des *Kleinen Walsertals,* der *Hohe Ifen* (2230 m) und der *Widderstein* (2536 m), werden sichtbar. Das

Kleinwalsertal (5165 Einw.) ist mit Vorarlberg nur durch Bergwege verbunden; die einzige Fahrstraße führt aus Bayern (Oberstdorf) ins Tal. Deshalb wurde 1891 der Zollanschlußvertrag mit Deutschland geschlossen und die Zollgrenze auf den *Gemstelpaß,* den *Hochalppaß* und das *Starzeljoch* verlegt.

Der *Widderstein* wird schon im 11. Jahrhundert als alemannische Landmarke genannt. Damals war das *Breitachtal* Jagdgebiet der Herren von Rettenberg, von denen es später an die Herren von Heimenhofen überging. Zu Beginn des 14. Jahrhunderts besiedelten Walliser Bauern vom *Hochtannberg* her über *Gemstel-* und *Hochalppaß* das Tal als „freie Walser". Die Grafen von Rettenberg und später die Ritter von Heimenhofen gewährten ihnen Selbstverwaltung, eigene Gerichtsbarkeit und einige Sonderrechte. 1453 ging das Kleinwalsertal in Habsburgischen Besitz über. Das Tal behielt jedoch gewisse Freiheitsrechte.

Die eigenwillige Tracht hat sich bis heute erhalten; sie ist am besten beim sonntäglichen Kirchgang zu sehen. Auch die Bauernhöfe zeigen noch typische Formen in Holzblockwerk. Sie sind besonders gut zu sehen bei der Taleinfahrt rechts im Weiler *Schwende* und in *Mittelberg.*

Das Kleinwalsertal wurde durch die geradezu idealen landschaftlichen Bedingungen ein Fremdenverkehrsgebiet für Winter und Sommer.

Die B 201 führt unter den Steilhängen des *Fellhorns* entlang zur Kapelle

Unterwestegg mit einem spätgotischen Schnitzaltar aus dem 15. Jahrhundert aus der Südtiroler Schule.

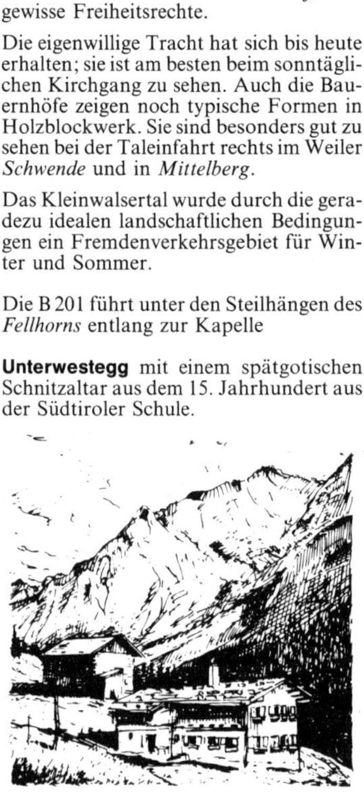

Bauernhof im Kleinwalsertal

Schöne alte Bauernhöfe stehen noch in Oberwestegg (20 Min.).

Riezlern (1088 m; 10 km) ist Sitz der *Gemeinde Mittelberg*. Eine Walliser Familie mit dem Namen *Rützlen* gründete den Ort Anfang des 14. Jahrhunderts mit dem Namen „Bei den Rützlen". Das *Walser Museum* (Walserstr. 54) gibt durch seine Sammlungen Auskunft über die Walsertaler Geschichte und Kultur *(◷ montags bis samstags 14–17 Uhr)*.

🚌 Linienbus zur Auenhütte mit Unterwegsstationen ab Westseite der Breitachbrücke.

🚡 Kanzelwandbahn (von 1088 m auf 1956 m); 14 Skilifte. Großlift zum Hahnenköpfle (2143 m).

🏨🏨🏨 „Erlebach"; „Almhof"; „Jagdhof".
🏨🏨 „Post"; „Bellevue"; „Sporthotel".

2 ⛺. – Beheiztes Freibad, Spielcasino.

Eine großartige Aussicht über das Tal und das dahinter liegende Panorama bietet sich nach 1 Stunde Weg von der Kanzelwandbahn auf dem *Fellhorn* (2039 m).

Ausflüge:

Die Rundwanderung von *Riezlern* zur Naturbrücke am *Schwarzwasserbach* und diesen aufwärts bietet viele Wasserfälle und schattige Schluchten (2 Std.). Nicht schwer, doch etwas ermüdend, ist die Tour zum markanten *Hohen Ifen* (2230 m; 5 Std.). Für das *Gottesackerplateau* empfiehlt sich ein Führer.

Hübsch ist die Wanderung über den *Hörnlepaß* (1282 m) nach *Rohrmoos*. Insgesamt 40 km Langlaufloipen.

Über die hohe *Breitachbrücke* führt die B 201 mit Blick auf den Widderstein nach

Hirschegg (1124 m; 13 km). Das Dorf liegt in charakteristischer Streusiedlung über das *Breitachtal* verteilt. Im neuen *Walserhaus* finden Bauerntheater und Heimatabende statt. Skischule, Minigolfplatz, Hallenbad, Skigebiet „Ifen 2000" mit 3 Sessel- und 6 Skiliften bis 2080 m Höhe.

ℹ Verkehrsamt Kleinwalsertal, Walserhaus, A-6992 Hirschegg, Tel. 0 55 17/ 51 14 21.

🏨🏨🏨L „Ifenhotel".
🏨🏨🏨 „Walserhof"; „IFA-Ferienhotel".
🏨🏨 „Adler"; „Schuster"; „Walliser".
🏠 „Alpina"; „Hirsch"; „Berghalde".

Das gute Skigebiet am Heuberg wird durch 8 Skilifte erschlossen. Mit dem Sessellift zum *Heuberg* ist eine Wanderung ins *Schwarzwassertal* zu verbinden. Der Fußweg nach Riezlern (1 Std.) kommt an der hübschen *Leidtobelkapelle* mit einer spätgotischen Madonna vorbei.

Empfehlenswert ist der Übergang durch das *Schwarzwassertal* über die *Schwarzwasserhütte* (ganzjährig bewirtschaftet) zum *Hochgerachsattel* (1752 m) und nach *Schönenbach* (5 Std.; Bus nach Bezau).

Mittelberg (1218 m; 15 km) ist ein beliebtes Touristenziel und bietet einen prachtvollen Blick auf die *Schafalpköpfe* sowie auf den *Elfer-* und *Zwölferkopf*. Mittelberg wurde sehr früh besiedelt und hieß zuerst „Bei den Wüstnern". Aus dieser Zeit stammt der Turm der *Pfarrkirche*, in der 1963 spätgotische Fresken entdeckt wurden. Am Chor sind außen Jahreszahlen (z. B. 1309) in arabischen Zahlen an-

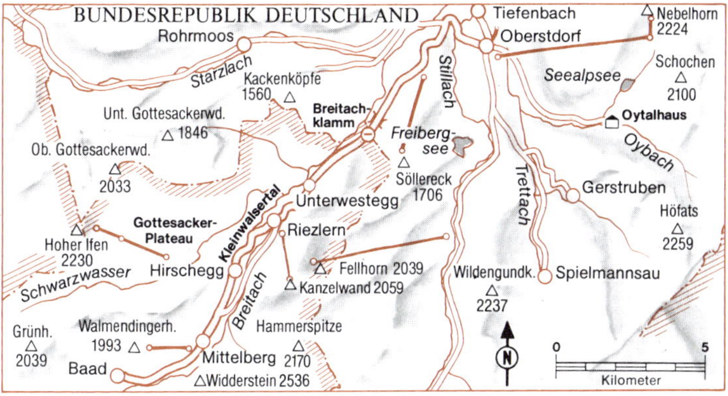

5

gebracht, die frühesten im süddeutschen Sprachgebiet. Vormittags kann man in der Kapelle der Waisen- und Krankenstiftung ein spätgotisches Relief, „Beweinung Mariens“, besichtigen. Skiabfahrten, Skischulen, Bergschule, Tennisplatz und -halle, Hallenbad, Bergwanderungen.

🚡 *Walmendinger Horn* (von 1207 m auf 1947 m; Gaststätte). 7 Skilifte, 2 Sessellifte, einer ganzjährig.

ⴼⴼⴼ „Alpenhof Wildental“.
ⴼⴼ „Alte Krone“ u. a.
ⴼ „Neue Krone “; „Bühlalpe“ u. a. – ⛺.

Ausflüge:

Zu empfehlen ist der Übergang aus dem *Wildental* (bis dorthin lohnender Spaziergang) entweder über den *Fiderepaß* (2065 m; Unterkunftshütte) nach *Oberstdorf* (5 Std.) oder zur *Mindelheimer Hütte* (2058 m; Unterkunft) und hinab ins *Rappenalptal* (6–7 Std.). Weiter in 3 Stunden über den *Schrofenpaß* (1688 m) zur *Holzgauer Hütte* (1512 m) und dann nach *Warth* (1497 m; 2 Std.). Autobus nach Arlberg und Schröcken.

Schöne Rundwanderungen verlaufen durch das *Gemstel* zum gleichnamigen Sattel (1971 m) unter dem *Widderstein* (2536 m) entlang (Besteigung leicht in 1½ Std.) zum Hochalppaß (1908 m) und durch das *Bärgunttal* über *Baad* zurück (6 Std.). Leicht und reich an schönen Aussichtspunkten ist die Tour über das *Walmendinger Horn* (🚡) zur *Ochsenhofer Scharte* in das Schwarzwassertal (*Schwarzwasserhütte;* Unterkunft).

Zunächst steigt man von der Bergstation *Walmendinger Horn* leicht zum Gipfel an (¼ Std.). Die Aussicht ist für die relativ geringe Höhe gewaltig. Über dem tiefeingeschnittenen *Kleinwalsertal* erhebt sich die *Fellhornkette* mit der *Kanzelwand-Bergstation.*

Anschließend folgen die mächtigen *Schafalpköpfe,* dahinter ragen die Gipfel von *Trettachspitze* und *Mädelegabel* empor. Zwischen dem *Elfer-* und *Zwölferkopf* sowie dem mächtigen *Widderstein* überragt die *Valluga* das grüne Paßland des *Gemsteljoches* gerade noch am Grat. Das folgende Gipfelgewirr der Bregenzerwald-Berge wird überragt von der firnglitzernden *Roten Wand* im Lechquell-Gebiet, von der *Hochkünzelspitze* und dazwischen dem *Zitterklapfen* im *Großen Walsertal.* Weit im Westen glänzen *Säntis* und *Altmann* von den Appenzeller Bergen. Im Norden gibt der *Hohe Ifen* mit *Gottesackerplateau* und *Schwarzwassertal* einen eindrucksvollen Abschluß des Panoramas.

Die nun folgende Gratwanderung zur *Ochsenhofer Scharte* (1 Std.), dann über die *Starzelalpe* nach *Baad,* gibt Gelegenheit, das Panorama noch lange zu genießen. Man kann aber auch über die *Mittelbergalpe* und die *Bühlalpe* nach *Mittelberg* absteigen (2 Std.).

*

Eine familienfreundliche Wanderung durch Wald- und Wiesengebiete ohne große Schwierigkeitsgrade ist der *Baader Höhenweg.* Von Mittelberg, Talstation, benutzt man die Stützestraße zur Alpsiedlung „Alpenwald“. Dann überquert man zwei interessante Lawinenstriche am Südabhang des Walmendinger Horns. Entweder wählt man hier die Abzweigung zur Stützalpe (1500 m) und geht weiter über die Bühlalpe, Maisäß und Moos nach Mittelberg zurück, oder man entscheidet sich für die Fortsetzung (noch ca. 15 Min.) nach Baad, dem höchstgelegenen Kirchdorf des Kleinwalsertales. Mittelberg – Baad und zurück 2 Stunden, Runde über Stützalpe und Bühlalpe ca. 3 Stunden.

Baad (1251 m; 19 km) liegt am Fuße des Widdersteins (2536 m), des höchsten Gipfels des Kleinwalsertals. Es war früher ein Schwefelbad; die Quelle ist seit langem versiegt. Von *Mittelberg* führt über *Erlenboden* ein hübscher Fußweg in 1 Stunde nach Baad. 1 Skilift.

ⴼ „Pühringer“.

Ausflüge:

Auf dem Starzelweg im Turabachtal gelangt man über die Starzelalm (1678 m, zeitweise bewirtschaftet) und das *Starzeljoch* (1867 m) in insgesamt 4 Stunden nach *Schoppernau.*

Der mächtige *Widderstein* wird von *Baad* aus am besten erstiegen über den *Hochalppaß* (1870 m) und die bewirtschaftete, prächtig gelegene Widdersteinhütte (2009 m) in 4½ Stunden.

Eine schöne Fußwanderung verbindet das *Klein-* mit dem *Großwalsertal:* Von Baad über den *Hochalppaß* zum Hochtannberg (3 Std.), mit dem Bus nach Schröcken (Haltestelle Unterboden), Aufstieg zum *Schadonapaß* (1846 m) mit der *Biberacher Hütte* in 2 Stunden und abwärts in das Großwalsertal nach *Buchboden* (909 m; 2 Std.).

Route 6: Bregenz – Alberschwende – Bezau – Au (50 km)

Diese Route führt in den *Bregenzerwald.* Die abwechslungsreiche Landschaft gleicht der im oberen Allgäu in der Gegend bei *Fischen.*

Die Bewohner sind schwäbische und Walser Alemannen. Unter den Orts- und Geländenamen finden sich noch viele aus dem Wortschatz der rätoromanischen Bevölkerung, die einst hier siedelte. Beispiele: Faschina, Mutabella, Tschanischa.

Charakeristisch für diese Gegend sind die mit Schindeln verkleideten Häuser, die Einödhöfe inmitten der Wiesen und die noch vorhandenen eigenwilligen Trachten. Die Einheimischen tragen sie gelegentlich noch zum Sonntagsgottesdienst und zur Fronleichnamsprozession.

Das Tal der *Bregenzer Ache,* die den ganzen Bregenzerwald durchfließt, ist eng und bietet außer den Tälern von *Egg, Bezau* und *Au* in der Talsohle nur wenig Raum.

Die 1902 erbaute Bregenzerwald-Bahn (35 km) war schmalspurig und hatte 18 Haltestellen. Sie führte bis *Egg* im engen Achtal, erreichte am *Gebhardsberg* die *Bregenzer Ache* bei *Kennelbach* und fuhr dann in der dunklen Waldschlucht. Sie folgte den Windungen des Flusses, durchquerte kurz nach dem Halteplatz *Fluh* den Schuttkegel des *Wirtatobel,* gab nach einem Tunnel Einblick in die romantische *Rothachschlucht* und erreichte den Bahnhof *Doren-Sulzberg.*

Am 14. Juli 1980 stürzten 6000 m^3 Fels und Geröll bei Kilometer 7,1 vom Berg und verschütteten das Wälderbähnle. Die Schmalspurbahn wurde neuen Sicherheitsbestimmungen geopfert, eine verkürzte Strecke (6,1 km) wird seit 1986 als Touristenattraktion unterhalten.

Nirgendwo wirkt die Mischung aus Hügelland und Gebirge so schroff und doch so lieblich wie hier. Höhen und Querriegel, eingeschnittene Achen und enge Schanzen brachten im letzten Jahrhundert die Bezeichnung „solides Wirrwarr“ auf. Hier hielt sich lange Zeit eine stolze Selbständigkeit: eine freie Bauernrepublik, in der Art einer Oligarchie verwaltet, geriet erst im 19. Jahrhundert endgültig unter Habsburger Herrschaft.

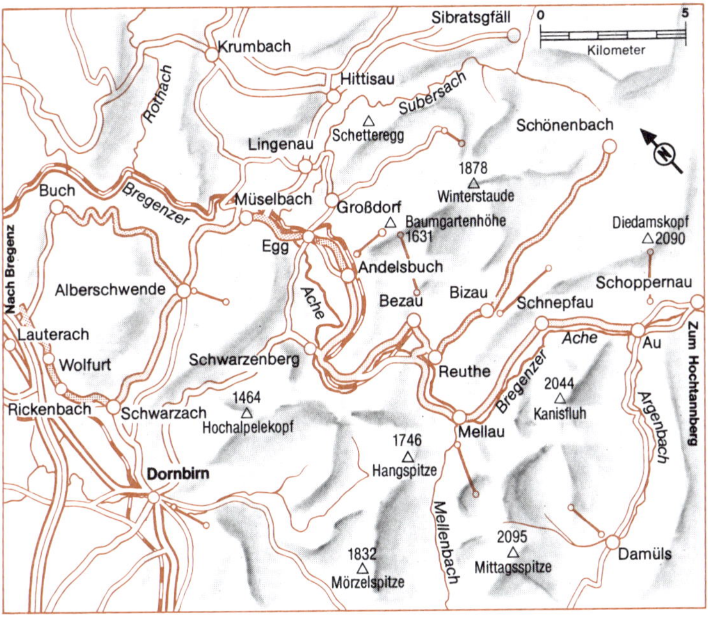

Der Name Bregenzerwald kann wörtlich als „Wald hinter Bregenz" gedeutet werden. Allerdings ist der namengebende Wald von den Rodungsbauern, insbesondere von den Walsern, so zurückgedrängt worden, daß die Matten und Weiden das Landschaftsbild mitbestimmen.

Man verläßt *Bregenz* (s. S. 22) auf der B 200 und kommt nach

Wolfurt (420 m; 7300 Einw.; 3 km). Die Gemeinde liegt jenseits der *Bregenzerach*. Von den einstigen drei Burgen ist nur die bewohnte *Burg Wolfurt* geblieben, die seit 1226 besteht.

Von hier kann man lohnende Wanderungen nach *Maria Bildstein* (s. unten) oder in den *Ippachwald,* das größte Waldgebiet des nördlichen Vorarlberg, unternehmen.

Bregenz, Feldkirch.

„Engel". – „Stern".

Die 2 km entfernte Wallfahrtskirche *Maria Bildstein* (656 m) ist einen Besuch wert. Sie ist ein zweitürmiger Barockbau von *Michael Kuen* aus der Vorarlberger Barockbauschule (1663 bis 1673) mit einem Gnadenbild aus dem 14. Jahrhundert.

Auf der B 200 biegt man in *Schwarzach* (434 m; 3100 Einw.) ab. Die Straße steigt bergan zu dem Sommer- und Wintererholungsort

Alberschwende (721 m; 2500 Einw.; 16 km). Die *Säntisgruppe* ist von hier bei klarem Wetter zu sehen. Das gute Skigebiet wird durch die Brüggele-Kopf-Sesselbahn (1183 m) erschlossen. Museum.

Dornbirn und Bregenz.

Sesselbahn, 7 Schlepplifte.

„Brauerei Gasthaus"; „Eiler".

Zum Erholungsort

Buch (726 m; 515 Einw.) führt eine schmale Straße (4 km). Übungsgelände für Skifahrer; 6 km Loipe.

Bregenz.

2 Schlepplifte.

In *Müselbach* (585 m; 21 km) führt die B 200 geradeaus in südöstlicher Richtung. Links führt die Straße nach *Hittisau* (s. S. 35). Auf der B 200 gelangt man nach

Egg (565 m; 3100 Einw.; 24 km). Das größte Dorf im Bregenzerwald besitzt zahlreiche Gewerbebetriebe (Brauerei, Bekleidung, Klöppelspitzen), die den Wohlstand des Ortes sichern. Historisch interessant ist die Tatsache, daß die Bauernrepublik (siehe auch *Andelsbuch*) hier ihr Hochgericht hatte. An Mundart und Hausform wird der Unterschied vom Vorderen zum Hinteren Bregenzerwald deutlich. St. Nikolauskirche von 1307.

Touristische Einrichtungen haben den Ort zu einem beliebten Urlaubsziel gemacht. 1 Sessellift und 7 Lifte.

Dornbirn, Hochtannberg, Damüls.

„Post". – „Löwen"; „Ochsen".

Spazierwege und Wanderungen führen u. a. nach *Lingenau* durch die romantische Subersachschlucht und an der Anna-Kapelle vorbei (s. S. 35; 1 ½ Std.), nach *Schönenbach* über Eggatsberg, Rehenberg, Ställenalpe und Auenalpe (Tagestour) oder zum eine Stunde südlich gelegenen Ort *Andelsbuch.*

Die Straße führt ohne Gefälle mit schönen Ausblicken nach

Andelsbuch (621 m; 1900 Einw.; 27 km). Das Dorf liegt am Fuß der „Niedere", eines Ausläufers der *Winterstaude* (1878 m). Hier gründete der Einsiedler *Diedo* gegen Ende des 11. Jahrhunderts ein Kloster, das bald nach Mehrerau verlegt wurde. Andelsbuch spielte eine große Rolle für die Bauernrepublik des Hinteren Bregenzerwaldes. Schon im 14. Jahrhundert erlangten hier die Bauern Freiheitsrechte.

Das Skigebiet (6 Lifte) reicht bis in eine Höhe von 1750 m. Die Besteigung der *Winterstaude* (4 ½ Std.) ist zu empfehlen.

„Landamann-Haus".
„Marienheim".

Die Straße führt nun am Waldhang der *Bezegg* (s. S. 45) entlang. Der Route weiter folgend, kommt man nach 2 km zur Straße nach

Schwarzenberg (696 m; 1400 Einw.; 31 km; s. S. 50).

Durch die malerische, enge Schlucht der „Klause", in der der Blick auf die *Hangspitze* (1746 m) und die *Kanisfluh* (2044 m) frei wird, zieht sich die Straße über die freundlichen Talweiten nach

Bezau (650 m; 1600 Einw.; 35 km), dem Hauptort des Bregenzerwaldes und Sitz des Bezirksgerichts. Sehenswert sind die Pfarrkirche mit einem Altarbild aus dem

17. Jahrhundert, das Gerichtsgebäude, das Heimatmuseum und das Kapuzinerkloster. Auf der *Bezegg* (750 m; 45 Minuten nördlich) kann man die *Bezeggsäule* besichtigen: Dieser Gedenkstein erinnert an das hölzerne Rathaus, in dem von 1400–1806 die Gesetze für die Bauernrepublik Bregenzerwald erlassen wurden. Eisenbahnfans fahren mit der alten Museumsbahn zum 6 km entfernten Bersbuch. Sportangebot: Tennis, Paragleiten.

Empfehlenswert ist der Ausflug zur *Baumgartenhöhe* (1650 m;); von hier kann man in 2 Stunden zur *Winterstaude* wandern.

Dornbirn, Hochtannberg, Bregenz.

„Post“.
„Sonne“. – „Rössle“. – . – .

Nur 2,5 km von Bezau entfernt liegt

Reuthe (645 m; 500 Einw.; 37 km). Die Pfarrkirche (1419), eine der ältesten des Bregenzerwaldes, besitzt einen gotischen Fresken-Zyklus (Marienleben und die 12 Glaubenssätze).

Östlich des Ortes liegt ein Eisen- und Moorbad, 2 km weiter der Erholungsort

Bizau (681 m). Von hier aus kann man einen schönen Spaziergang auf die *Schnepfegg* (871 m) machen, von wo man einen herrlichen Blick auf die *Kanisfluh* (2044 m) hat. Außerdem empfiehlt sich ein Ausflug zum Alpendorf *Schönenbach* (1025 m; 2½ Std. Fußweg). Von dort hat man einen großartigen Blick auf den *Hohen Ifen*. Schön ist auch die Wanderung zum *Gerachsattel* (1752 m) und nach *Riezlern* im Kleinwalsertal (5½ Std.). Eine Abenteuertour führt in die *Schneckenlochhöhle*, die größte Höhle Vorarlbergs. Sommerrodelbahn am Hirschberg, Alpenlehrpfad, Wintersportgebiet (Doppelsesselbahn, 5 Lifte, Langlaufloipen).

Zwischen *Hangspitze* (1746 m) und dem *Gopfberg* (1316 m) führt die Route durch die „enge Klause“ weiter zum schnell gewachsenen Urlaubsort

Mellau (700 m; 1100 Einw.; 41 km). Die Lage unter der *Kanisfluh* hat Mellau viele Skisportfreunde und Bergwanderer gewonnen. Beliebt sind Touren auf die *Mittagspitze* (2095 m), auf die *Kanisfluh* (2044 m) und auf die *Galtsuttisalpe* mit dem *Sünserkopf* (2032 m).

Kabinenbahn Roßstelle (1400 m), 7 Lifte (1400–1750 m).

„Kreuz“; „Kanisfluh“. – „Sonne“.
„Bären“; „Alpenland“; „Adler“.

Schnepfau (734 m; 420 Einw.; 46 km). Hier befanden sich einst die Jagdgründe der Grafen von Montfort. Heute ist Schnepfau ein ruhiger Erholungsort mit einer restaurierten Pfarrkirche im Renaissancestil. Die Höhenstraße über die *Schnepfegg* (871 m) nach Bizau verspricht schöne Aussichten.

Dornbirn, Bregenz.

Zwischen der *Kanisfluh* und der *Mittagsfluh* verläuft die Straße zur Ortschaft

Au (810 m; 1590 Einw.; 50 km). Im 17. Jahrhundert nahmen von hier die *Vorarlberger Baumeister* ihren Ausgang. Das Denkmal an der Kirche erinnert daran. Au liegt mitten in der Skiregion Bregenzerwald–Lechtal–Großes Walsertal. Ca. 80 Lifte und Bahnen sind bequem erreichbar (Gratis-Skibus). Daneben werden im Winter über 40 km Langlaufloipen präpariert. Im Sommer ist Au ein Ausgangspunkt schöner Wanderungen. Tennisplätze.

„Krone“. – „Alpenrose“; „Rössle“; „Tannahof“; „Schiff“; „Adler“; „Alpina“. – „Alte Post“; „Hubertus“. – .

Die Straße 193 führt nach *Damüls* (s. S. 52).

Es bieten sich Ausflugsmöglichkeiten zum *Elsenkopf-Uga* (1810 m;) und zum *Sünser See* (2 Std. westlich) an. Außerdem bestehen Übergänge über das 1484 m hohe *Faschinajoch* in das *Großwalsertal* nach *Fontanella* und *Sonntag* sowie über das *Furkajoch* in das *Laternser Tal* und hinab nach *Rankweil*.

Bizau mit Kanisfluh

Route 7: Bregenz – Dornbirn – **Hohenems – *Feldkirch (35 km)

Noch im Stadtgebiet von *Bregenz* (s. S. 22) verläuft die A 190 oberhalb des Uferniveaus, so daß ein schöner Blick über die *Bregenzer Bucht* bis zur Inselstadt ***Lindau* frei wird. Man sieht links den steilen Fels des *Gebhardsberges*. Die *Arlbergbahn* verläuft parallel zur Straße. Die Bundesstraße überquert die *Bregenzer Ache* kurz vor dem Straßendorf

Lauterach (412 m; 7500 Einw.; 3 km). Zwei römische Straßen sind im Gelände (bei der neugotischen Pfarrkirche und im Ried) noch gut zu erkennen. Im großen Erholungs- und Naturschutzgebiet *Lauteracher Ried* sind noch heute alte Torfstechgräben („Schollaständ“) sichtbar.

Lustenau (407 m; 19 000 Einw.). 1868 wurde hier die Stickerei-Industrie eingeführt, die der Gemeinde zu Wohlstand verhalf (Stickereiausstellung).

Dornbirn (s. S. 22), 12 km.

Außerhalb des Ortes treten die düsteren Felswände nahe an die Straße. Man sieht den *Karren* (977 m), auf den eine Seilbahn führt; etwas weiter wird die Burg *Neu-Ems* (s. rechts) sichtbar.

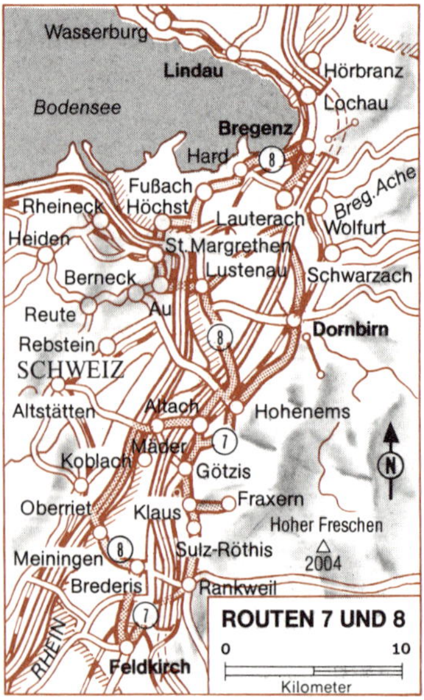

****Hohenems** (432 m; 14 400 Einw.; 18 km). Die zentral im österreichischen Rheintal gelegene Stadt besitzt eine reiche Vergangenheit. Das Geschlecht der Grafen von Hohenems brachte u. a. den Epiker und Minnesänger Rudolf von Ems (13. Jh.) und den Grafen Markus Sitticus, Fürsterzbischof von Salzburg (1574–1619), hervor. Zur Förderung der Wirtschaft in Hohenems wurde den Juden bereits 1617 ein Schutzbrief erlassen. Es entstand eine eigene Judengemeinde mit Schule, Synagoge und Friedhof sowie Handwerksbetrieben und Geschäften.

Besonders sehenswert ist das *Schloß* der Reichsgrafen von Hohenems im Stadtzentrum. Es wurde 1562–1567 im Auftrag von Markus Sitticus errichtet. Der rechteckige Renaissancepalast besitzt einen schönen Innenhof mit Blendfassade, einen Rittersaal und schöne Kassettendekken in verschiedenen Räumen. Im Schloß wurden 1755 und 1779 die Nibelungenhandschriften C und A gefunden. Vor dem Palast erinnert ein schöner Mosaikbrunnen (1955) an die Nibelungensage. Zur *Schubertiade* (Konzerte mit Werken von Franz Schubert) treffen sich jedes Jahr Musikfreunde aus aller Welt im Schloß (Anschrift: Schubertiade, Schweizer Straße 1, A-6845 Hohenems, Tel. 0 55 76/20 91).

Ein *Jüdisches Museum* (Schweizer Straße 5) erinnert an die Geschichte der jüdischen Gemeinde in Hohenems. Der alte Jüdische Friedhof liegt am Stadtrand.

In der *Stadtpfarrkirche St. Karl-Borromäus* (1796) beachte man den geschnitzten Renaissance-Hochaltar (1575).

Auf dem Schloßberg hoch über der Stadt liegen die *Ruine Alt-Ems* (12. Jh.) und die *Burg Neu-Ems* (auch Glopper genannt, 1343); sie wird bis heute von den Emser Grafen bewohnt und ist deshalb nicht zugänglich.

ⓘ Verkehrsverein, Rathaus, A-6845 Hohenems, Tel. 0 55 76/46 47.

🚆 Feldkirch, Bregenz (Arlberglinie).

🚌 Gute Busverbindungen in alle Richtungen.

⌂⌂ „Schiffle“.
⌂ „Heim“.

Altar von Hohenems (Ausschnitt)

Götzis (435 m; 9200 Einw.; 23 km) liegt nahe dem *Kummenberg* (668 m), einem der ältesten Siedlungsgebiete Vorarlbergs. Die spätgotische *Pfarrkirche St. Ulrich*, das *Jonas-Schlößle* und die Turmruine der alten Straßensperre *Neu-Montfort* sind Zeugen der reichen Geschichte von Götzis.

Wanderungen: Kummenberg (1 ½ Std.); Millrütte (2 ½ Std.); Fallenkobelweg; Ruine Neuburg (½ Std.).

🚗. – 🚌.

⌂ „Lindenhof".

In Götzis kann man die B 190 (12 km bis Feldkirch) verlassen und auf der gut ausgebauten Landstraße unterhalb der Ruine *Neu-Montfort* durch die *Klause von Arbogast* (Wallfahrtskirche mit 12 Heiligenbildern) nach

Klaus (506 m; 26 km) fahren, einem hübsch gelegenen Ferienort.

Fraxern (817 m; 500 Einw.). Vor dem Dorf stand bei einer Wegkapelle die Burg *Alt-Montfort*. Sie gehörte den Marschällen von Montfort und wurde 1405 im Appenzeller Krieg zerstört. Von hier führt ein leichter Weg (2 Std.) zur *Hohen Kugel* (1645 m). Das *Skigebiet First* an der Hohen Kugel ist wegen seiner Schneesicherheit bekannt. Berühmt ist auch das Fraxner Kirschwasser.

Sulz und **Röthis** (508 m; 3800 Einw.; 28 km) sind Erholungsorte, die klimatisch so begünstigt sind, daß bereits seit dem 8. Jahrhundert Weinbau betrieben wird. Um eine riesige, uralte Weinpresse hat man das Restaurant „Torggel" gebaut. Die Pfarrkirche besitzt ein gotisches Sakramentshaus (1481). Ein Waldrundweg führt zum *Pfaffenkeller* und nach *Dafins*.

Eine kurvenreiche Straße (3 km) führt zum hochgelegenen *Viktorsberg* (879 m) mit einem ehemaligen Minoritenkloster (1385 gestiftet, 1785 aufgehoben).

***Rankweil** (462 m; 10 000 Einw.; 31 km). Die auf einem Inselberg gelegene Wehrkirche ist ein Wahrzeichen des Rheintals. Der frei stehende Berg hatte schon in vorgeschichtlicher Zeit Bedeutung. Später wurde hier eine römische Befestigung gebaut. Im ersten christlichen Jahrhundert hieß der unter dem Burgberg entstandene Ort *Vinomna*. Die älteste Urkunde, die über ihn berichtet, stammt aus dem 9. Jahrhundert. In karolingischer Zeit wurde Rankweil Gerichtsstätte.

Aus der Montfortischen Dienstmannenburg wurde um 1300 eine *Wallfahrtskirche*. Sie ist noch heute von einem Wehrgang umgeben und von zwei Türmen gekrönt. Die Wallfahrt zum Gnadenbild „Unserer lieben Frau" ist seit dem 14. Jahrhundert nachweisbar. Ab 1657 erbaute der Bregenzerwälder Barockbaumeister Michael Beer Rundturm und jetzige Gnadenkapelle. Die Besichtigung der drei Kirchenräume mit dem Marienbild des 15. Jahrhunderts aus der Ulmer Schule, dem „Wundertätigen Kreuz", einem in eine Silberhülle eingeschlossenen romanischen Kruzifix (vor 1233), einem Kreuz aus dem 12. Jahrhundert, außerdem mit Darstellungen aus der Fridolin- und Eusebiuslegende sowie Votivtafeln aus den Befreiungskriegen um 1800 sollte mit einem Gang im Burgwehrgang verbunden werden.

Die im Tal stehende Kirche *St. Peter* mit Bauteilen aus romanischer Zeit (Chorturm etc.) birgt im Chor ein beachtenswertes Astkreuz (um 1400).

🚗 Feldkirch, Bregenz.

🚌 Laternser Tal.

⌂⌂ „Hoher Freschen"; „Mohren".
⌂ „Kreuz"; „Schäfle"; „Taube".

Wanderungen bieten sich auf den Hohen Freschen (2004 m) und auf den Hochgerach (1987 m) sowie in die Üble Schlucht an.

In *Brederis* steht in der Rheinebene die kleine Filialkirche *St. Anna*. In ihrer Nähe wurden Reste römischer Bauten (1.–3. Jh.) ausgegraben.

***Feldkirch**, 35 km (s. S. 27).

Route 8: Bregenz – Höchst – St. Margrethen – Lustenau – Koblach – Tosters – *Feldkirch (48 km)

Parallel zur Route 7 verläuft diese Tour westlich der Autobahn A 14. Man verläßt *Bregenz* (s. S. 22) auf der B 202 und fährt nach der Brücke über die Bregenzer Ache rechts ab.

Hard (400 m; 10 900 Einw.; 4 km) ist die erste Ortschaft an dieser Strecke. In der 1570 errichteten *Mittelweiherburg*, der einzigen Wasserburg des Landes, ist seit 1962 ein Heimatmuseum eingerichtet. Zu sehen sind u. a. interessante Stücke aus den Anfängen des Stoffdrucks und der Formstecherei. Das Strandbad verfügt über eine 67 m lange Wasserrutsche. Seepromenaden.

⌂ „Angelika"; „Girardelli"; „Krone"; „Köhlmeier". – ⛺.

Man fährt über den Neuen Rhein (zum Unterschied vom Alten Rhein, der bis zum Kanalbau die einzige Wasserstraße war) und biegt dann nach

Fußach (398 m; 3000 Einw.; 8 km) ab. Das hübsch gelegene Fischerdorf war in römischer Zeit ein Kriegshafen. Bis zu Beginn des Eisenbahn- und Schiffsverkehrs erreichte der Ort, als wichtigster österreichischer Hafenplatz am Bodensee, eine gewisse Bedeutung. Seine Schiffs- und Fuhrleute waren führend am Transitverkehr nach Italien beteiligt. Die Gemeinde verarmte dann, als 1900 wegen Hochwassergefahr der Neue Rhein gebaut wurde und die Fußacher Bucht überraschend schnell verlandete.

Ein Gang zum sogenannten *Rohrspitz*, einem einsamen Naturschutzgebiet, ist empfehlenswert. Am besten geht man zunächst in nördlicher Richtung, dann den Polderdamm entlang zum Schöpfwerk und zum alten Fußacher Hafen. Vorbei an verlandeten Flußläufen hält man sich westlich und gelangt am Damm entlang zum Rohrspitz (397 m), zu den einsamen Fischerhütten und den Schöpfwerken.

Wem dann der Rückweg bis Fußach zu weit ist, kann im nahen *Gaißau* oder *Höchst* einen Bus nehmen.

🚌 Bregenz.

⛺ Rohrspitz.

Höchst (403 m; 6200 Einw.; 11 km) im Vorarlberger Rheindelta ist Grenzgemeinde zur Schweiz. Zum Bodensee sind es 3 km (Natur-Badestrand). Hallenbad.

Jenseits des Alten Rheins liegt der betriebsame Schweizer Ort

St. Margrethen. Wer einen guten Überblick über das obere Bodenseegebiet bekommen möchte, fährt mit der Zahnradbahn von Rheineck zum Luftkurort *Walzenhausen* (673 m). Mit dem Auto kann man den Aussichtspunkt ebenfalls gut erreichen und weiter nach *Berneck* fahren. Von dort geht die Fahrt über die Rheinbrücke nach

Lustenau (s. S. 46).

Durch die Rheinniederung, stets nahe am Rhein entlang, geht die Fahrt nach *Altach* mit Ausblicken auf ***Hohenems* (s. S. 46) mit der Burgruine Alt-Ems, Burg Glopper (Neu-Ems) und den *Hohen Freschen* (2004 m).

Über die Autobahnüberführung gelangt man nach

Mäder (416 m). Von hier kann man einen Ausflug in die Schweiz (über die Zollbrücke) unternehmen. Von der Brücke geht es über *Krießern* nach *Altstätten* mit den für die Ostschweiz typischen Laubengängen. Die Straße (viele Kehren) führt westlich empor zum *Stoß* (942 m) mit der Erinnerungskapelle an die Schlacht der Appenzeller gegen Österreich am 17. Juni 1405.

Man kann von Altstätten auch nach *Ruppen* (1010 m) fahren und von der Wallfahrtskapelle *St. Anton* (1110 m) den großartigen Rundblick auf das Rheintal mit den *Vorarlberger Bergen* bis zur *Schesaplana* und *Silvretta* genießen.

Koblach (15 km) wird von der mächtigen Ruine *Neuburg* überragt. Die Burg wurde als erste der Vorarlberger Festungen 1363 an die Habsburger Herzöge verkauft. Dies war der Anfang der späteren österreichischen Herrschaft über Vorarlberg.

Eine schöne zweistündige Rundwanderung führt über die Schweizer Zollbrücke zur Ruine *Blatten* mit einem herrlichen Rundblick über die Berge Vorarlbergs bis zum *Laternser Tal*. Schöne Wanderungen führen zur Ruine *Neuburg*, auf den bereits in frühgeschichtlicher Zeit besiedelten *Kummenberg* (667 m) und durch die große, reizvolle Riedlandschaft zwischen dem Ortskern und der Frutz, die in den Rhein mündet. Der Vorarlberger Radwanderweg führt am Rhein entlang und durch die Riedlandschaft; er berührt dabei Koblach.

Meiningen (425 m; 20 km) liegt an der Zollbrücke nach *Oberriet* (Schweiz). Die ehemalige Burg *Blatten* war eine der größten Anlagen des alemannischen Rheingebiets und das Musterbeispiel einer großen Ritterburg. Sie besaß einen bewohnbaren Bergfried und einen mit diesem durch eine Brücke verbundenen Palas.

Eine gute Straße führt in östlicher Richtung nach

Brederis (26 km) mit Blick auf die Burgkirche *Rankweil* und römische Ausgrabungsstätten.

Von der B 190 fährt man bei Altenstadt nach *Gisingen* (32 km) und über die *Ill* nach *Nofels* (33 km).

Die Straße führt am *Schellenberg* vorbei, über den die Grenze des Fürstentums Liechtenstein verläuft. Schon im Stadtgebiet von **Feldkirch* liegt

Tosters (448 m). Die Wallfahrtskirche *St. Cornelius und Cyprian* steht inmitten eines alten Friedhofs mit schönen schmiedeeisernen Kreuzen. Die Burg *Tosters,* mit starkem Bergfried, war ab 1260 Sitz einer Linie der Grafen von Montfort.

Über *Tisis* mit einer hübschen Pfarrkirche führt die Straße ins Zentrum von **Feldkirch* (s. S. 27), 48 km.

Route 9: Dornbirn – Bödele – Schwarzenberg – Hittisau (30 km)

Vom Marktplatz in *Dornbirn* mit der säulengeschmückten Marktkirche und dem Roten Haus (s. S. 25) führt die Dr. Waibelstraße zur Oberdorferstraße und zur Bödelestraße. Die gute, aber oft etwas unübersichtliche Straße führt in zwei Kurven zum

Dreiländerblick (1 km). Von hier hat man einen schönen Blick auf *Dornbirn.* Die Aussicht auf das *Rheintal* mit der *Säntisgruppe* erweitert sich von Kurve zu Kurve.

Der Straße weiter folgend, kommt man nach

Watzenegg (2 km). Von hier führt die Straße in einer Steigung (10 %) zu den Weilern *Unter-* und *Oberfallenberg* (736 m).

Die Weiterfahrt geht über *Rickatschwende* nach *Ammenegg* (937 m) und weiter durch die Schlucht zur Hotelkolonie

Bödele (1140 m, 8 km). Die Paßhöhe wird auch *Losenpaß* genannt. Die schöne Aussicht in den *Vorderen Bregenzerwald* ist auch im Winter lohnend. Sie erstreckt sich von den Bergen um *Hindelang* mit (von links nach rechts) dem *Großen Daumen* und der *Geishornkette,* über den alles überragenden *Hochvogel* und den *Großen Wilden,* dann über die vielgipflige, etwas ineinandergeschobene *Hornbachkette* und die markante *Mädelegabelgruppe* mit der vorgestellten kühnen *Trettachspitze.* Darunter erkennt man die Felswände des *Hohen Ifen* und davor das ausgedehnte Massiv der *Winterstaude* über Hittisau. Darüber schauen die oberen Felswände der *Kanisfluh* hervor, rechts vom Hohen Ifen folgen die Kuppe des *Widderstein,* anschließend die Berge des Lechquellgebietes: die *Mohnenfluh,* die *Braunarlspitze* und die *Rote Wand.* Vor den Bergen dehnt sich der Vordere Bregenzerwald mit den Dörfern *Langenegg, Hittisau* und *Lingenau* aus.

8
9

Lohnende Wanderungen führen in östlicher Richtung zum *Gaißkopf* (1198 m; ¾ Std.) über einen aussichtsreichen Wiesenweg oder in 1½ Stunden in südlicher Richtung zum *Hochälpelekopf* (1464 m; Hochälpelehaus, bewirtschaftet). Die Aussicht auf die *Rheinebene*, auf die *Säntisgruppe* (bei guten Sichtverhältnissen) und auf die nahe Kanisfluh ist sehr lohnend. 9 Skilifte.

„Alpenhotel Bödele".

Man folgt der Landstraße, die einen schönen Ausblick auf den *Hohen Ifen* verspricht, talwärts nach

Schwarzenberg (696 m; 12 km; 1500 Einw.). Der Kirchplatz ist von stattlichen Bregenzerwald-Häusern (darunter das wiedererrichtete sog. Tanzhaus) umgeben.

Schwarzenberg war der Heimatort des Malers Joseph Johann Kauffmann (1707–1782), des Vaters der klassizistischen Malerin *Angelica Kauffmann* (1741–1807), die sich allerdings selten in Vorarlberg aufhielt, sondern vornehmlich in London und Rom lebte und arbeitete. In London schuf sie zahlreiche Bildnisse der englischen Hofgesellschaft. In den 15 Jahren, die sie in England lebte, kam sie zu großem künstlerischen Ansehen und Reichtum. Ab 1782 blieb sie für immer in Rom, das sie schon vorher zeitweise zu künstlerischer Arbeit besucht hatte. Im dortigen Kreis der sog. Deutsch-Römer nahm sie mit ihrem „empfindsamen Klassizismus" eine bedeutende Stellung ein. Sie schuf Bilder mythologischen, allegorischen und religiösen Inhalts, vor allem aber Porträts, von welchen das Bildnis Goethes besonders hervorzuheben ist. Ihr Haus war Treffpunkt von Künstlern und Gelehrten, unter anderem von Winckelmann, Herder und Goethe, mit denen sie freundschaftlich verkehrte.

In Vorarlberg befinden sich einige der Werke von Angelica Kauffmann, darunter viele Skizzen im Vorarlberger Landesmuseum in Bregenz (s. S. 22). Von ihr stammt auch das Hochaltarbild („Mariae Krönung", um 1800) in der Pfarrkirche von Schwarzenberg, der sie besonders verbunden war: Im Alter von 17 Jahren half sie 1758 ihrem Vater, der den Auftrag hatte, die Kirche auszumalen. Sie führte die 12 Apostelgestalten nach Stichen des Venezianers Piazetta aus.

In der Pfarrkirche erinnert an die Künstlerin die Büste an der Langschiffwand sowie an der südlichen Außenwand die Familiengrabstätte.

Heimatmuseum, Schwimmbad, Tennisplätze, 10 Skilifte.

Dornbirn.

„Hirschen". – „Berghof Fetz".

Ein kleiner Umweg in südlicher Richtung führt über die Bregenzerwald-Straße links über *Andelsbuch* (s. S. 44) nach

Egg (565 m; 21 km; s. S. 44).

In der Ortsmitte von Egg schlägt man den Weg in Richtung *Großdorf-Lingenau* ein. Von einer 104 m hohen Brücke bekommt man einen interessanten Einblick in den tiefen *Subersachtobel*.

Lingenau (687 m; 27 km; s. S. 35).

Lohnend ist ein Ausflug zum nördlichen *Rotenberg* (994 m) mit Aussicht auf den *Hohen Ifen, Winterstaude* und *Vorderwald*.

Nicht weit von Lingenau entfernt liegt der ruhige Ferienort *Langenegg*. Von hier ist es nicht mehr weit bis

Hittisau (790 m; 30 km; s. S. 34).

Oberstdorf und Bregenz.

18 km nach Oberstaufen, 29 km nach Fischen.

Im Nordosten von Hittisau erhebt sich der „Hausberg" *Hochhädrich* (1566 m). Er ist gut zu erwandern und vermittelt eine herrliche Rundsicht. Der kürzeste Aufstieg erfolgt vom Liftrestaurant „Hochhädrich" aus. Der Weg über die Gschletter-Alpe bis zum Gipfelkreuz überwindet nur 350 m Höhenunterschied (1½ Std.). Nach Osten geht der Blick in die nahen, wilden Nagelfluh-Ketten, nach Norden in das wellige Hügelland des Westallgäu, sonst auf den Vorderen Bregenzerwald und weiter hinüber bis zum Schweizer Säntis.

Ein hübscher Abstecher ist möglich zum Gasthaus „Koyen", unter Eingeweihten als „Schnapshütte" bekannt. Der nahe gelegene Bergrücken „Auf der Fluh" bis zum Gipfel des Kojen (1303 m) bietet auch hübsche familienfreundliche Spaziergänge.

Weitere Wanderwege führen von Hittisau aus zum Naturdenkmal *Rappenfluh* mit ihren sehenswerten Felsformationen und auf den *Hittisberg* (1328 m, 2½ Std.).

Route 10: *Feldkirch – Rankweil – Laterns – Furkajoch – Damüls – Au (41 km)

Von **Feldkirch* (s. S. 27) fährt man auf der B 190 und der Landstraße 193 über *Altenstadt* nach **Rankweil* (s. S. 47).

Man sollte die Fahrt über das *Furkajoch* (von Laterns nach Damüls) nur bei gutem, trockenem Wetter antreten. Für Pkw mit Wohnwagen ist die Strecke wegen der Steigungen (bis 14 %) und der Kurven nicht zu empfehlen. Im Winter ist der Übergang gesperrt; die hier vorgeschlagene Tour kann dann nur auf Skiern gemacht werden. Der eigentliche Bergteil der Straße ist steil, Mur- und Lawinenabgängen ausgesetzt, gut ausgebaut, aber relativ einsam.

Den Besuch der Burgkirche in **Rankweil* sollte man zu Beginn der Tour nicht versäumen (s. S. 47); sie ist ein Wahrzeichen des Rheintals.

Man folgt danach dem Wegweiser Batschuns–Laterns und steigt dann überraschend schnell den Hang empor, so daß der Blick ins *Rheintal* immer umfassender wird.

Zwischenwasser (570 m; 2500 Einw.) besteht aus den auseinanderliegenden Ortsteilen *Muntlix, Dafins* und *Batschuns*. Der Name dieser Gemeinde stammt von der Lage „zwischen den Bächen Frutz und Frödisch".

Muntlix ist Sitz der Gemeindeverwaltung. Die alte Kapelle aus dem Jahre 1630 am *Schulertobelbach* ist eine Pestkapelle.

Batschuns liegt am Berghang. Die moderne Kirche ist ein wichtiges Frühwerk von Clemens Holzmeister; der berühmte Architekt schuf sie 1923. Das *Schlößchen Weißenberg*, ein stattlicher Landedelsitz in exponierter Lage, wurde im 16. Jahrhundert errichtet. *Furx* (900 m) ist im Winter besonders beliebt.

Von der Mühltobelbrücke in *Dafins* (794 m) hat man einen großartigen Blick in die 50 m tiefe *Morschkellerschlucht*.

Feldkirch.

Ausflüge

Beliebte Ausflugsziele sind von hier aus *Furx* und *Alpwegkopf* (1437 m) mit Rheintalblick; beide sind auch als Wintersportgebiet beliebt. 4 Lifte.

„Peterhof" in Furx.
„Frick" in Muntlix; „Krone" in Dafins.

Laterns ist durch eine wintersichere Tunnelzufahrt zu erreichen.

Laterns (921 m; 670 Einw.; 8 km) besteht aus den Ortsteilen *Laterns-Thal, Bonakker* und *Innerlaterns*. Es hat sich zu einem beliebten Wintersportort entwickelt. Das Laternser Tal ist ein Naturschutzgebiet. Die schönste Wanderung führt zum Alpengarten des *Hohen Freschen*. Hallenbad.

Feldkirch.

Sesselbahn Gapfohl (1611 m); 9 Lifte.

„Bergfrieden"; „Bad Laterns"; „Kuhboden"; „Löwen"; „Bergheim"; „Christians Stuba" (Innerlaterns).

Die gut ausgebaute Straße steigt am Fuße des *Furkajochs* steil an (12–14 %). Weiter oben öffnet sich die freie Sicht auf die *Löffelspitze* (1961 m) und (links) die *Gerachalpen*. Die Straße zum

Furkajoch (1761 m; 23 km) war bis 1970 ein Karrenweg. Die Aussicht beschränkt sich auf das weite Alpgebiet gegen Norden (leichter Weg zum *Hohen Freschen*, 2004 m; 2 Std.) sowie in das *Damülser Tal* und zum *Zafernhorn*, welches das *Faschinajoch* überragt.

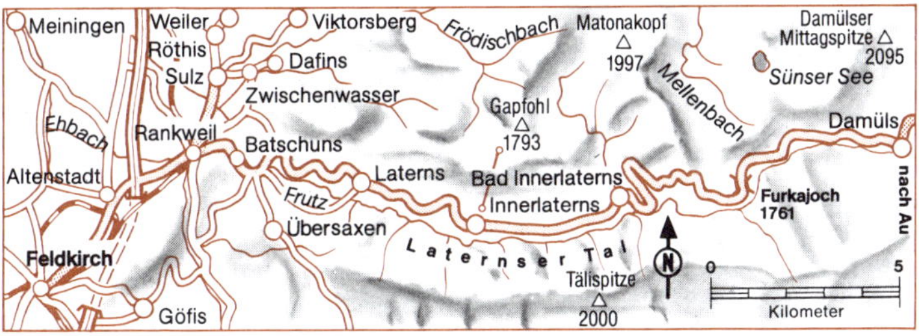

Damüls (1431 m; 304 Einw.; 31 km), die am höchsten gelegene Walser Gemeinde, ist im Sommer auf drei, im Winter auf zwei Wegen erreichbar: 1) Von Dornbirn durch den Bregenzerwald nach Au (B 200), dort zweigt die Landstraße 193 rechts nach Damüls ab. 2) Von Bludenz durch das Große Walsertal über Fontanella und das Faschinajoch. 3) Von Feldkirch und Rankweil – wie hier beschrieben – durch das Laternsertal über das Furkajoch (Wintersperre).

Die spätgotische *Kirche* wurde laut Inschrift im Jahre 1484 von Baumeister *Rolle Maiger* aus Röthis errichtet. Von ihm stammt auch das schöne Rippengewölbe. Bemerkenswert sind eine gotische Holzstatue des heiligen Theodul (15. Jh.) und ein Schnitzaltar (1480) von *Ivo Strigel.* 1949–1951 wurden im Schiff spätgotische Wandfresken (um 1490) freigelegt, die zu den kostbarsten von ganz Vorarlberg gehören. An der nördlichen Seitenwand ist in 26 Bildern die Leidensgeschichte gemalt, über dem Chorbogen thront Christus in der Mandorla, flankiert von den Aposteln. An der südlichen Seitenwand befindet sich ein bemerkenswertes Anbetungsbild mit einem seltenen landschaftlichen Hintergrund.

Wenn man von Au aus nach Südwesten und bergaufwärts an der Argen entlang geht und sich dazu einen schneereichen Winter vorstellt, dann wird man den Mut jener Walser Rodungsbauern bewundern, die hier 1313 die Alpe Uga gründeten. Bis 1806 besaß sie mit Fontanella im Großwalsertal ein eigenes Walser-Obergericht, über die Jöcher hinüber gingen die Verbindungen.

Wegen seiner weiten Skigebiete und der schneereichen Lage ist Damüls im Winter sehr beliebt. Im Sommer gibt es viele Spazierwege, darunter zum *Faschinajoch,* zur *Uga-Alpe* (Naturschutzgebiet) mit dem *Elsensattel,* zum *Sünsersee* und zur *Mittagspitze* (Doppelsessellift Uga).

🚌 Dornbirn – Au – Damüls, Bludenz – Fontanella – Damüls.

🏠🏠🏠 „Damülser Hof"; „Berghotel Madlener"; „Mittagspitze".
🏠🏠 „Hohes Licht"; „Zum Glöckle"; „Alpenblume".
🏠 „Gasthaus Walisgaden"; „Hubertushof"; „Furka-Haus".

Eine großartige Bergtour führt von Damüls zur *Damülser Mittagspitze* (2095 m). Sie ist eigentlich der Mellauer Mittagzeiger, von den Damülsern selbst wird er Trista (Heuschober) genannt. Rundum liegen die Gipfelketten Vorarlbergs: Kanisfluh, dahinter Winterstaude, Rote Wand über dem Faschinajoch, Rätikonkamm und Piz Buin. Erheblich erleichtert wird diese Tour, wenn man den Doppelsessellift Damüls-Uga benützt. Von der *Mittagspitze* geht es über die *Kanisalpe* (1463 m) zum Berggasthof „Edelweiß". Von hier läßt sich bei gutem Wetter die Besteigung der *Kanisfluh* (2044 m) verbinden (Abkürzung von der Kanisalpe zur Wurzach-Alpe). Vorsicht ist auf dem Gipfel der Kanisfluh geboten, da sie senkrecht nach Norden abstürzt. Von dort zurück zum Berggasthof und Abstieg nach *Mellau* (s. S. 45). Diese Bergtour erfordert unter Einbeziehung der beiden Gipfel 7 Stunden. Der lohnende Übergang zum *Faschinajoch* und ins *Großwalsertal* (s. S. 55) ist im Sommer empfehlenswert (im Winter Lawinengefahr!).

Für Bergwanderer empfiehlt sich die *Damülser Rundtour* (ca. 6 Std.). Sie beginnt mit einer Fahrt mit der Doppelsesselbahn Uga und führt über den *Hochblanken* (2068 m), den *Ragazerblanken* (2051 m) und den *Sünser Kopf* (2032 m). Über die *Sieben Hügel* kommt man zurück nach Damüls.

Die letzte Etappe der Route von Damüls bis *Au* führt auf der an Kurven reichen Bundesstraße 193 Richtung Osten, mit Ausblicken auf den eindrucksvollen Kamm der Kanisfluh (2044 m).

Au (41 km; s. S. 45). Hier kann – in umgekehrter Richtung – die Route 3 (s. S. 36) zum Hochtannbergpaß oder die Route 6 (s. S. 43) nach Bregenz angeschlossen werden.

Damüls

Route 11: Warth – Flexenpaß – Arlbergpaß (20 km)

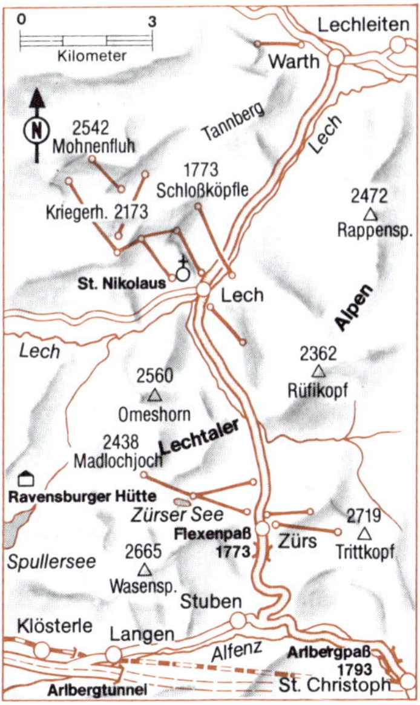

Kurze Zeit nach dem Verlassen von *Warth* (s. S. 36) in Richtung *Arlberg* verschwinden *Biberkopf* und *Widderstein* aus dem Blickfeld. Die Straße führt hoch über dem *Lech* am Hang durch zahlreiche Steilrinnen (im Winter ist die Straße oft gesperrt). Links werden der *Rüfikopf* (2362 m) mit der Bergbahn, rechts das *Kriegerhorn* (2173 m) und das Wahrzeichen des obersten Lechtales, das *Omeshorn* (2560 m), sichtbar.

Lech (1450 m; 1270 Einw.; 7 km). Obwohl der Kurort berühmt und mondän geworden ist, hat er sich eine wohltuende Ländlichkeit bewahrt. Lech wurde kurz nach 1300 von Walsern besiedelt. Die *Kirche St. Nikolaus* mit ihrem charakteristischen Turm stammt aus dem späten Mittelalter und wurde 1790 im Rokokostil umgestaltet. Wie eine Bastion baute man 1976 eine neue, aus Holz und Glas konstruierte Kirche drum herum, verbunden mit Schule, Pfarr- und Gemeindezentrum. Geheiztes Schwimmbad, Tennisplätze und -halle, Angelgelegenheit, Tiefgarage, Rodelbahn, Natureisbahn.

🚡 Rüfikopf (2350 m), Oberlech (1719 m), Mohnenfluh (2370 m), 8 Sessellifte zum Schloßkopf und Kriegerhorn (2173 m), 28 Skilifte.

⌂⌂⌂L „Post"; „Arlberg".
⌂⌂⌂ „Plattenhof"; „Berghof".
⌂⌂ „Alexandra"; „Antonius"; „Lech".
⌂ „Sonnblick"; „Tyrol"; „Mosella".
2 ⛺.

Eine schöne Wanderung führt lechaufwärts über *Zug* zum *Formarinsee* (1789 m) mit der Lechquelle. Ein weiterer lohnender Ausflug verläuft über die *Ravensburger Hütte* (1940 m) zum schönen *Spullersee* (1826 m). Im Winter ist das Skigebiet von *Oberlech* bis zum *Kriegerhorn* beliebt. Skischulen, Langlaufloipen.

Im engen Tal des *Zürser Baches* geht die Fahrt aufwärts zum Wintersportort

Zürs (1717 m; 13 km), der inmitten eines ausgedehnten Skigebietes liegt, das durch die Trittkopfseilbahn (2423 m), Sesselbahnen und Schlepplifte zum *Zürsersee* (2147 m) und von dort zum Madlochjoch (2492 m) erschlossen ist. Die großartigste Skitour ist zum *Madlochjoch* mit langen Abfahrten. Die östliche Talseite läßt sich mit den Abfahrten von Lech (Rüfikopf) zu langen Skitouren verbinden. Eine Tour zum *Trittkopf* (2719 m) ist auch im Sommer wegen der Aussicht lohnend (5 Std.). Arlbergskipaß.

⌂⌂⌂L „Zürserhof"; „Lorünser"; „Albona"; „Alpenhof".
⌂⌂⌂ „Edelweiß"; „Ulli"; „Guggis" u. a.
⌂⌂ „Arlberghaus"; „Schweizerhaus" u. a.

Nur noch geringfügig steigt die Straße zur Paßhöhe des 11

Flexenpasses (1773 m; 14 km) an. Unmittelbar danach beginnen die Galerien und Tunnels, in denen die Paßstraße eine steile Felswand durchquert. Diese Straße wurde bereits ab 1895 gebaut und seither immer wieder verbessert. Autofahrer sollten vor der ersten Galerie halten und in den Felskessel hinabsehen, in welchem tief unten der Ort *Stuben* (s. S. 39) liegt. Nach der Galeriestrecke folgt ein Parkplatz, von dem aus die Felsstraße gut eingesehen werden kann.

Bei der *Rauzalpe* (1602 m; 17 km; Valfagehrbahn) trifft die *Flexenstraße* auf die *Arlbergstraße*, die nochmals ansteigt zum

Arlbergpaß (20 km; s. S. 38).

Route 12: *Feldkirch – Satteins – Thüringen – Großwalsertal – Buchboden (33 km)

Das *Großwalsertal* ist eine Tallandschaft für sich. Vom *Kleinwalsertal* unterscheidet es sich durch die Lage seiner Siedlungen am Steilhang des tiefeingeschnittenen, engen Tals des *Lutzbaches.* Das Großwalsertal ist ursprünglicher geblieben als das Kleinwalsertal. Es wurde zu Beginn des 14. Jahrhunderts von eingewanderten Walsern besiedelt, doch blieben Erinnerungen an die rätischen Talbewohner bestehen (Museum in Sonntag).

Die schnellste Verbindung verläuft von *Feldkirch* über *Bludenz* nach *Thüringen.* Die landschaftlich schönere Strecke geht über *Satteins* nach *Bludesch* und *Thüringen.*

Nenzing, Ludesch, Bludenz.

Bludenz – Sonntag – Faschina oder Bludenz – Raggal – Sonntag.

Von der Bezirkshauptstadt

***Feldkirch** (s. S. 27) geht die Fahrt an der *Schattenburg* vorbei nach

Göfis (560 m; 2600 Einw.; 2 km), das bereits 850 zum ersten Mal urkundlich erwähnt wurde. Während des Autobahnbaus wurde 20 Minuten vom Ortszentrum Göfis-Stein entfernt der einzige Gletschertopf in Vorarlberg aus der Nach-Eiszeit entdeckt (ca. 14000 Jahre alt).

Feldkirch.

Über den *Schwarzenseesattel* oder von *Frastanz* aus führt die Straße nach

Satteins (496 m; 2300 Einw.; 7 km). Die kleine *Sebastianskapelle* (1508) besitzt einen schönen spätgotischen Flügelaltar. Ausgedehntes Radwandernetz.

Feldkirch.

„Römerstube“.
„Krone“.

Schlins (502 m; 1950 Einw.; 14 km). In der *Pfarrkirche* befindet sich eine Orgel des berühmten Orgelbauers *Josef Bergöntzle.* In der *Annakapelle* in der Parzelle Frommengärsch sind Hochaltar und rechter Seitenaltar aus den Jahren 1516 und 1481 sehenswert. Interessantes Epitaph der Familie Altmannshausen (1562).

Feldkirch, Bludenz.

„Krone“.

Die Untere Walserstraße bleibt im *Walgau* und führt über das *Gais* nach

***Bludesch** (530 m; 1200 Einw.; 19 km). Die *Pfarrkirche* wurde von dem Baumeister *Michael Beer* errichtet. Sie besitzt eine berühmte Orgel (1803 erbaut) von *Josef Bergöntzle* aus der Straßburger Silbermannschule in einem französischen Gehäuse. Eine der ältesten Kirchen Vorarlbergs ist die *Nikolauskapelle* im Ortsteil *Zitz* mit Wandfresken von 1320.

Thüringen (573 m; 2000 Einw.; 20 km) liegt am Eingang des Großwalsertals. Die Straße steigt von hier steil bis zum nahen *Thüringerberg* (880 m) an. Idyllisch gelegen ist der *Montjolaweiher.* Ruine Blumenegg, Panoramaweg.

.

Die Obere Walserstraße führt von *Satteins* (7 km) weiter nach

Röns (612 m; 10 km). Hier ist in der gotischen *Magnuskapelle* ein Hochaltar von 1508 zu sehen.

Schnifis (620 m; 567 Einw.; 13 km) liegt an der „Sonnenterrasse des Walgaus“. Hier sind stattliche Holzhäuser zu sehen.

Schnifisberg (1334 m) am Hang des Hohengerach (1985 m) über der Alpe Alpila (1535 m).

Das Skigebiet (3 Lifte) von

Düns (756 m; 1 km) am *Dünserberg* (1200 m) ist mit einer Seilbahn oder über eine Straße zu erreichen.

Düns – Feldkirch.

Thüringerberg (880 m; 562 Einw.; 17 km). Reizvoller Rundblick auf *Schesaplana, Walgau* und die *Rote Wand* (2704 m) im Lechquellengebiet.

Feldkirch – Bludenz.

Die Straße verläuft nun hoch über der tiefen Talschlucht des *Lutzbaches.* Links oben sind *Tälispitze* (2000 m), rechts die *Rote Wand* (2704 m) zu sehen.

St. Gerold (1 km). Das reizvolle Kloster liegt unterhalb der Straße. Der Adlige *Adam,* später *St. Gerold* genannt, lebte hier um 949 als Eremit. Das Kloster war

1648–1802 Reichspropstei der Fürstabtei Einsiedeln. In der innen modernisierten Kirche werden sonntags häufig Konzerte gegeben. Romanische Ausgrabungen.

Blons (902 m; 300 Einw.; 23 km). Schöner Alpweg zur Hügenalpe (1480 m).

Sonntag (879 m; 647 Einw.; 29 km). Die Aussicht auf das grüne Großwalsertal ist umfassend. Heimatmuseum.

Nach Stein (1300 m; Gonselseilbahn); Kellaspitze (2020 m) und Breithorn (2083 m) liegen gegenüber.

„Kreuz".
„Löwen".

Eine ausgebaute Straße (5 km) führt in die Skigebiete von *Fontanella* (1146 m) und

Faschina (1487 m), die mit dem Skigebiet Sonntag-Stein eine Einheit bilden. Das nur 1,5 km entfernte Damüls (s. S. 52) kann man auch im Winter erreichen.

Bahnhof Bludenz.

„Faschina". – „Walserhof".
„Rotwandblick"; „Alphof".

Buchboden (909 m; 33 km). Bergwege führen von Bad Rotenbrunnen zur Biberacher Hütte (1846 m) an der *Hochkünzelspitze,* zur Göppinger Hütte (2245 m) an der *Braunarlspitze* und zur Freiburger Hütte (1921 m) nahe der *Roten Wand.*

„Kreuz". – „Bad Rotenbrunnen".

*

Von *Bludenz* (s. S. 30) erreicht man das Großwalsertal über

Nüziders (4000 Einw.), das von der Werdenberger Ruine *Sonnenberg* beherrscht wird. In der romanischen *Vineriuskapelle* sind Fresken (13. Jh.) zu sehen.

Bludenz, Feldkirch.

.

„Daneu". – .

Um den „Hängenden Stein", wo einst das Malefizgericht des Walgaus tagte, führt die Straße nach

Ludesch (555 m; 2400 Einw.). Die alte Pfarrkirche *St. Martin,* die schon 850 urkundlich erwähnt wird, war einst Pfarrkirche für den ganzen südlichen Teil des Großwalsertals. Neben den 1950 entdeckten Wandfresken ist vor allem der große spätgotische *Hochaltar beachtenswert.

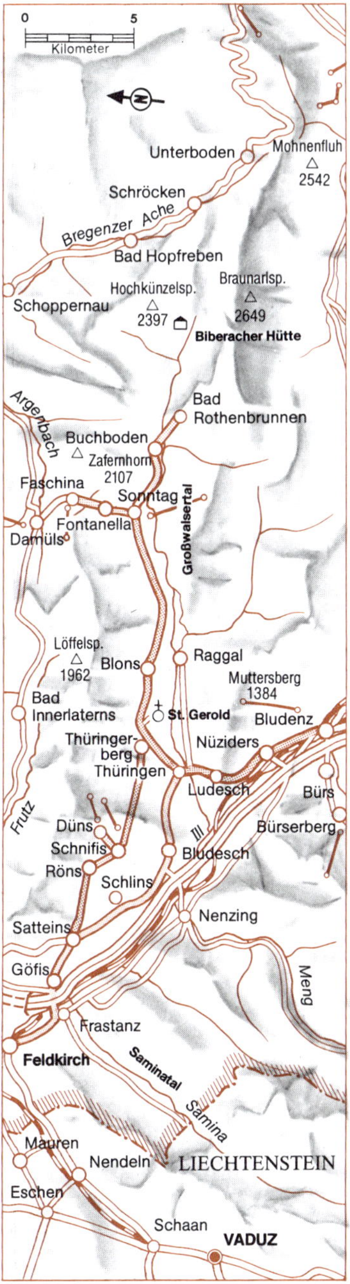

12

Route 13: *Feldkirch – Nenzing – Bludenz – Montafon – Bielerhöhe (69 km)

***Feldkirch** (s. S. 27) verläßt man auf der B 190. Der *Walgau,* durch den die Route führt, ist mit seinen Siedlungen und seiner bis in die Vorzeit reichenden Geschichte das Herz Vorarlbergs. Zahlreiche Täler münden in die heitere Walgaulandschaft ein, darunter das *Großwalsertal* (s. S. 54), das *Gamperdonatal* und das *Brandnertal.*

Frastanz (510 m; 5400 Einw.) liegt am Ausgang des *Saminatales.* Die *Drei Schwestern* (2052 m) mit einzigartiger Aussicht über das Rheintal und seine Berge werden am besten über *Amerlügen* und die *Feldkircher Hütte* (1204 m; 3½ Std.) bestiegen. Sporteinrichtungen: Wandern, Tennis, Reiten, Schwimmen, Angeln, Paragleiten, Radwandern, Skifahren (Skigebiet Bazora, 2 Lifte), Langlaufen, Rodeln, Schlittschuhlaufen, Fitneßcenter.

Feldkirch, Bludenz.

„Stern“.

Auf einer Panoramastraße gelangt man zum hochgelegenen Luftkurort

Gurtis (904 m). Von hier ist der Aufstieg zur *Gurtisspitze* (1778 m; 2 Std.) beliebt. Gutes Skigebiet (5 Skilifte).

Feldkirch.

„Gasthof Leni“.

Nenzing (533 m; 5100 Einw.; 11 km) liegt malerisch an der Mündung des *Gamperdonatales.* Ein beliebtes Skigebiet ist *Gurtis-Bazora.* 3 Skilifte, Flutlichtanlage, Skischule.

Zum großartigen Talschluß des *Nenzinger Himmels* (1370 m) im *Gamperdonatal* kann man während der Saison mit dem Kleinbus fahren (ab Bazulstr. 3 und „Hotel Marmota“). Zu Fuß benötigt man 4 Stunden. Von dort hat man einen schönen Blick auf den *Panüler Schrofen.* Im Nenzinger Himmel steht eine Rochus-Kapelle (15. Jh.) mit gotischen Wandgemälden. Der „Himmel“ bietet sich als Ausgangspunkt für viele Wanderwege an, z. B. über das *Amatschonjoch* nach Brand; zur *Pfälzerhütte;* den *Liechtensteiner Höhenweg;* über das *Saraiserjoch* nach Malbun im Fürstentum Liechtenstein (s. S. 63).

Bludenz, Feldkirch.

„Marmota“; „Kreuz“.
„Gamperdona“. –

Von Nenzing verläuft die A 190 mit Blick in das *Klostertal* weiter. Links liegt das *Großwalsertal* mit dem *Thüringerberg,* dem *Muttersberg* und dem *Hohen Frassen,* rechts das *Tschenglagebiet.*

Bürs (570 m; 2700 Einw.) liegt gegenüber der Montfortstadt Bludenz (s. S. 30).

Bludenz und Brand.

„Taleu“. – „Oswald“. –

Von Bürs führt ein Fußweg in die großartige *Bürser Schlucht* und in das *Brandnertal.* Es ist eines der schönsten Täler des *Rätikongebirges* und wird vom *Alvierbach* durchflossen.

Eine gute Straße steigt nach Bürs sofort in mehreren Kehren stark an, um die Bürser Schlucht zu überwinden.

Bürserberg (871 m; 470 Einw.) liegt wie ein Balkon über dem siedlungsreichen *Walgau.* Der Ortsteil *Tschengla* (1194 m), ein parkähnliches Hochplateau, ist mit Bürserberg durch eine Sesselbahn verbunden. 5 Skilifte.

Nicht versäumen sollte man den Besuch des *Schesa-Tobels,* dessen Murbruch schon von weitem sichtbar ist. In der eiszeitlichen Moräne wurde ein 3,5 m langer Mammutstoßzahn gefunden.

Bludenz.

„Hotel Matin“.
„Zimba Bergheim“; „Dunza“; „Valschena“.

Die Brandnerstraße führt über die Parzelle *Tschapina* (924 m) in das Innerste des Tales, das – von mächtigen Bergen umgeben – ein schneesicheres Skigebiet, aber auch ein Bergsteigerzentrum ersten Ranges (Schesaplana) ist. Bei der Einmündung des *Sarotlatales* sieht man den *Kleinen* und *Großen Valkastiel* (2449 m) und die *Zimba* (2643 m).

Brand (1037 m; 650 Einw.) ist eine weit ausgedehnte Ortschaft. Der Ort wurde von Walsern im 14. Jahrhundert besiedelt. Ausgezeichnetes Skigebiet, Tennisplätze und -hallen, geheiztes Schwimmbad, Angelgelegenheit.

Bludenz.

Zweistufige Doppelsesselbahn zum *Niggenkopf* (1600 m), Lifte zur *Palüdhütte* (1623 m), 6 weitere Skilifte. Den Besuch der *Douglasshütte* (1979 m, bewirtschaftet) am großen (aufgestauten) *Lünersee* erleichtert die Lünerseebahn (zur Talstation; im Sommer).

„Walliserhof"; „Scesaplana".
„Valschena"; „Lagant".
„Jägerheim"; „Valbona" u. a.

Zum Gipfel der *Schesaplana* (2965 m) und zur *Lindauer Hütte* benötigt man je 3–4 Stunden. Sehr lohnend ist der Übergang vom See über die *Lünerkrinne* (2155 m) mit Blick auf die *Zimba* und durch das *Rellstal* an der gewaltigen *Vandanser Steinwand* entlang nach *Vandans* (4 ½ Std.).

Am Ende der A 14 zweigt man in das

Montafon ab. Auf der B 188 folgt man dem *Illtal* bis in die Silvretta. In frühester Zeit von Illyrern und Kelten, später im 14. Jahrhundert von Walsern besiedelt, gab dieser Wechsel dem Tal ein eigenes Gepräge, ersichtlich an den altersgebräunten Holzhäusern.

Durch das riesige Vermuntkraftwerk wurde das Montafon für die Energieversorgung des rheinisch-westfälischen Industriegebietes wichtig. Es ist aber auch ein beliebtes Urlaubsgebiet; vor allem die Erschließung des hochalpinen Gletschergebietes mit der Silvrettastraße erhöhte seine touristische Attraktivität.

Von *Bludenz* führen eine Straße und eine Eisenbahnstrecke (diese bis Schruns) an *Lorüns* vorbei (5 km) nach

St. Anton im Montafon (651 m; 670 Einw.; 28 km), von dem sich zahlreiche Wandermöglichkeiten anbieten, darunter in den wilden *Venser Tobel* bei Außervens.

„Adler". – „Käppler".

In St. Anton beginnt eine gut ausgebaute und an Aussichtspunkten reiche 6 km lange Straße mit durchwegs 10 % Steigung zum hochgelegenen, beliebten Kurort

Bartholomäberg (1087 m; 2000 Einw.). Die Aussicht von der Pfarrkirche ist großartig: Man hat Einblick in das gegenüberliegende *Gauertal* mit den *Drei Türmen* (2830 m), der *Drusenfluh* (2827 m) und der *Sulzfluh* (2818 m), ferner in das *Rellstal* mit *Vandanser Steinwand* und *Zimba* (2643 m).

Bartholomäberg ist die älteste Siedlung im Montafon. Bereits zur Karolingerzeit

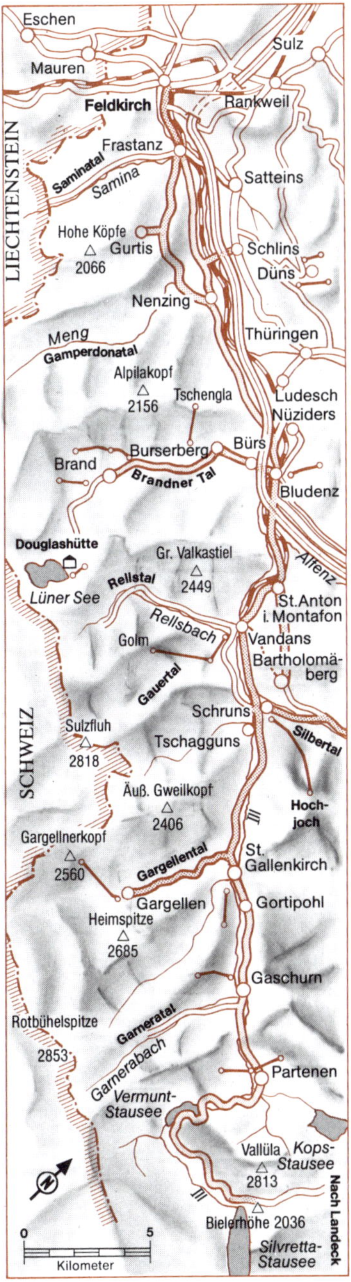

13

wurde hier Bergbau betrieben. Ab 1305 baute man in den Silberbergwerken in *Kristberg* und *Bartholomäberg* 100 Jahre lang edles Metall ab. Die über 150 Stollen sind zu einem Teil bis heute kenntlich. Noch in der zweiten Hälfte des 18. Jahrhunderts wurde nach Kupfer gegraben.

Die *Kirche* war lange Zeit die Mutterkirche der heutigen Pfarreien Silbertal und Schruns. In dem barocken Gotteshaus erfreuen ein spätgotischer Knappenaltar von 1525, die drei schönen barocken Hochaltäre von *Georg Senn* um 1737 und vor allem die 1792 aus der Meisterhand des *Michael Grass* aus Bürserberg entstandene Orgel, die als eine der bedeutendsten historischen Orgeln Österreichs gilt. In der Sakristei wird ein romanisches *Vortragekreuz* aus Limoges/Südfrankreich (12. Jh.) aufbewahrt (auf Anfrage im Pfarrhof zu besichtigen). Skilifte, Skischule.

🚌 St. Anton und Schruns.

⌂⌂⌂ „Fernblick“.
⌂⌂ „Bergerhof“.
⌂ „Wannaköpfle“. – ⛺.

Zu empfehlen ist ein Abstecher nach *Innerberg* mit einer malerischen Kirche (1151 m) und zum *Kristberg* (1484 m) mit der gotischen, von Bergknappen erbauten St.-Agatha-Kapelle von 1450, die wunderschön in der Landschaft des Montafon steht, vor den Bergen des *Rätikon* und der *Silvretta*. Fährt man mit der Seilbahn hinab nach *Silbertal* und mit dem Bus zurück, ergibt das eine schöne Rundtour. Geologischer Lehrwanderweg, 16 km, 24 Schautafeln, Beginn bei der Kirche.

Vandans (648 m; 2000 Einw.; 2 km). Im „schönsten Blumendorf Europas“ mündet der *Rellsbach* in die *Ill*. Der Ort wird überragt von der gewaltigen Vandanser Steinwand. Naturrodelbahn, Tennisanlage, Hallenbad.

🚡 Doppelsesselbahn Vandans – Latschau (994 m), dann Schrägaufzug und Golmerbahn bis Golmeralp (1890 m; ausgezeichnetes Skigelände); 10 Skilifte.

⌂⌂⌂ „Zentralsporthotel Kasper“.
⌂⌂ „Sonne“.
⌂ „Brunella“; „Valisera“; „Stern“.

Eine leichte Rundwanderung beginnt mit der Fahrt mit der Doppelsesselbahn und dem Schrägaufzug bis zum Wirtshaus *Golmeralp* (1890 m), dann wandert man über die *Latschätzalpe* zur *Lindauer Hütte* (1764 m) mit den gewaltigen *Drei Türmen* (2830 m) unmittelbar vor Augen. Der Abstieg durch das romantische *Gauertal* nach *Latschau* und *Vandans* oder *Tschagguns* ist leicht (insgesamt 5 Std.).

Schruns (690 m; 3700 Einw.; 33 km) ist der Hauptort des Montafon, mit einem Blick auf *Zimba* und *Mittagspitze*. Sportangebot: 12 Sessel- und Skilifte, 13 km Loipe, Kunsteisbahn, Hallenbad, Reiten, Tennis, Minigolf, Angeln, Kneippkur.

Von der *Kapellalpe* führt ein Sessellift zum *Sennigrat* (2300 m). Von dort kann ein Spaziergang zur *Wormser Hütte* (2358 m; Aussicht auf 200 Gipfel) unternommen werden, oder man kann zum dunklen *Herzsee* unter dem Kapelljoch absteigen und zur Kapellalpe zurückwandern (2½ Std.). Der Abstieg von der Wormser Hütte über den Wormser Weg ist im oberen Teil recht steil, bietet aber sehr schöne Aussichten (3 Std.).

🚌 Bludenz – Silvretta.

🚡 Hochjochbahn, Zamangbahn.

⌂⌂⌂ „Löwen“; „Alpenrose“ u. a.
⌂⌂ „Auhof“; „Both“; „Chesa Platina“; „Taube“. – ⌂ „Schäfle“. – ⛺.

Gegenüber von Schruns liegt der Kurort

Tschagguns (700 m; 2100 Einw.; 34 km). Im Winter bieten die Skigebiete Golm und Grabs (13 Lifte) Schneevergnügen, im Sommer stehen viele Spazierwege zur Verfügung. Alpenbad Montafon.

Zu empfehlen ist eine Wanderung ab *Grabs* (1365 m; zu erreichen mit dem Sessellift) über *Alpila* und den *Tobelsee* zum malerischen *Tilisunasee* (2103 m, mit Tilisunahütte, 2208 m). Durch das Gampadelstal geht man zurück.

Sehenswert sind die Anlagen der Illwerke im *Latschau*, darunter das Lünerseewerk mit Besuchergalerie (großer Parkplatz).

⌂⌂⌂ „Montafoner Hof“. – ⌂⌂ „Cresta“.
⌂ „Löwen“. – ⛺.

Von Schruns führt eine Straße (5 km) in ein enges Seitental nach

Silbertal (889 m; 834 Einw.), das seinen Namen von dem bis um 1600 betriebenen Silberbergbau hat. Der kleine, von der *Silbertaler Lobspitze* (2605 m) überragte Ort macht Anstrengungen, um seinen Gästen das Skigebiet beliebt zu machen.

Mit der Kristbergbahn gelangt man auf den aussichtsreichen *Kristberg* (s. links) mit der Knappenkapelle St. Agatha von 1450 und einem turmartigen, romanischen Sakristeianbau mit Glockenbalken. Einen schönen Blick hat man vom *Kristberggrat* ins *Arlberger Klostertal* und vor allem auf die *Rätikonkette*. Man kann über Bartholomäberg zurückwandern.

Schruns.

Kristbergbahn, Kapellbahn.

„Kristberg".
„Faneskla"; „Silbertal".

St. Gallenkirch (878 m; 2000 Einw.; 43 km) ist eine malerisch gelegene Streusiedlung mit zahlreichen schönen Montafoner Bauernhäusern. Die 1474 erbaute und 1725 renovierte *Pfarrkirche* mit ihren drei Rokokoaltären, der Kanzel und dem Orgelgehäuse gilt als eine der schönsten Rokokokirchen Vorarlbergs. Die beste Aussicht erschließt eine Fahrt mit der Doppelsesselbahn zum „Alpenhof Garfrescha" (1500 m) oder der Aufstieg zur *Zamangspitze*. Die Wanderung zur Wormser Hütte (2358 m) am *Hochjoch* und weiter über *Herzsee-Kapellalpe* und *Hochjochbahn* ist lohnend.

Bludenz – Silvretta.

30 Seilbahnen und Skilifte (Skizirkus Silvretta Nova).

„Grandau"; „Zamangspitze".
„Adler"; „Garfrescha". – .

Gargellen (1423 m) liegt unter den Felshängen der *Valisera* (2716 m) und der *Madrisa* (2770 m). Durch 9 Liftanlagen am *Schafberg* (2130 m) wird das schneesichere Skigebiet erschlossen. Eine Bergtour zur *Heimspitze* (2685 m) durch das *Vergaldatal* belohnt mit herrlichen Ausblicken in das Silvrettagebiet. Zum *Gandasee* (1966 m) benötigt man 2 Stunden. 3-Tages-Wanderung Gargellen–Klosters–St. Antönien und zurück. Tennis, Angeln, Langlauf, Rodeln.

Doppelsessellift zur Gargellenalpe (1760 m), Doppelsessellift und Sessellift auf den Schafberg (2130 m).

„Bachmann"; „Madrisa" u. a.
„Alpenrose" u. a. – „Marmotta" u. a.

Gortipohl (906 m; 46 km) ist ein verträumter Erholungsort. 2 Skilifte, Skischule, Anschluß an das Skigebiet Silvretta Nova. – .

Gaschurn-Partenen (1000–1051 m; 1750 Einw.; 54 km). Die Gemeinde besteht aus zwei im Hoch-Montafon gelegenen Höhenkurorten. Sportangebot: Skifahren (Silvretta Nova), Langlaufen, Rodeln, Eislaufen, Angeln, Tennis.

Zu empfehlen ist der (etwas lange) Höhenweg vom *Vermunt-Stausee* über das *Schafbodenjoch*, die *Tübinger Hütte* (2191 m) und durch das tiefeingeschnittene, einsame *Garneratal* zurück nach Gaschurn.

Schruns, Bludenz.

Versettla-Sesselbahn (2010 m), Schrägaufzug Vermunt (1730 m).

„Hotel Epple"; „Rößle"; „Verwall".
„Sonne"; „Mardusa".
„Alpenrose"; „Mottabella". – .

Kurz nach Partenen befindet sich die Mautstelle der

****Silvretta-Hochalpenstraße,** einer der schönsten Paßstraßen Österreichs. Sie wurde von den Vorarlberger Illwerken errichtet, 1954 dem öffentlichen Verkehr übergeben und seitdem ständig verbessert. Gesamtlänge von Partenen bis Galtür 24,3 km.

Von der Mautstelle (1113 m) steigt die Straße mit 9–10 % Steigung in 25 Kurven in 9 km zum

Vermunt-Stausee (1743 m) empor. Der Stausee wird vom *Hochmaderer* (2823 m) überragt. Die Straße führt nun am See entlang bis zum Obervermuntkraftwerk. Ein Ausflug zur *Saarbrückener Hütte* (2538 m) in großartiger Gletscherumgebung ist lohnend. Man kann auf dem Rückweg auch zur *Bielerhöhe* wandern.

Vom Kraftwerk steigt die Straße erneut in fünf Kurven auf 5 km Länge zur

Bielerhöhe (2036 m; 69 km) an, dem höchsten Punkt der Straße. Schöne Aussicht auf den *Kleinen* und *Großen Piz Buin* (3312 m) sowie das *Hohe Rad* (2934 m).

Die Piz-Buin-Gruppe erschließt sich am schönsten, wenn man am Silvretta-Staussee entlang ein Stückchen im Ochsental zur *Wiesbadner Hütte* wandert. Ganz in der Nähe entspringt die Ill. Ein (leichter) Bergweg führt auf die *Vallüela* (2813 m; 3 Std.) in der *Verwallgruppe* mit großartiger Aussicht auf die Silvrettagletscher. Die Besteigung des *Piz Buin* (3312 m) sollte nur mit Führer über die Wiesbadner Hütte (2443 m) unternommen werden. Die Bielerhöhe ist die Grenze zwischen Tirol und Vorarlberg.

Ein Ausflug empfiehlt sich zum malerischen *Kops-Stausee* (10,4 km) am Zeinisjochhaus (1822 m), der unter der *Ballunspitze* (2671 m) liegt.

Route 14: *Feldkirch – Nendeln – Schaan – Vaduz – Malbun – Balzers – Trübbach (53 km)

Von der Montfortstadt **Feldkirch* (s. S. 27) zwischen *Schellenberg* und dem Ausläufer des Gebirgsmassivs der *Drei Schwestern* sind es bis zur Grenze zwischen Vorarlberg und dem Fürstentum

LIECHTENSTEIN

(28 877 Einw.) nur drei Kilometer. Es ist mit 160 km² der zweitgrößte Kleinstaat (Andorra 453 km², San Marino 61 km² und Vatikanstaat 0,44 km²) unter den europäischen Kleinstaaten. Es liegt in einem kleinen Winkel zwischen der Schweiz und Österreich. Seine Einwohner verteilen sich auf elf autonome Gemeinden. Das Land ist in Nord-Süd-Richtung 25 km lang und 6 km breit. Die westliche Grenze bildet der Rhein.

Geschichte

Die Fürsten von Liechtenstein kauften 1699 und 1712 das heutige Gebiet. Kaiser Karl VI. vereinigte 1719 die beiden Gebiete zu einem reichsunmittelbaren Land mit dem Namen Fürstentum Liechtenstein, das bis 1806 Mitglied des Deutschen Reichs war. Seit dieser Zeit ist das Land souverän. Es gehörte von 1852–1919 zum österreichischen Zollverein, seit dem 1. Januar 1924 ist es Teil des Schweizer Wirtschaftsgebiets. Zwischen der Schweiz und Liechtenstein besteht kontrollfreier Grenzübertritt.

Hauptstadt des Landes und Sitz des Fürsten und der fürstlichen Regierung ist *Vaduz*. Vom absoluten Fürstentum hat sich Liechtenstein zu einer konstitutionellen Erbmonarchie auf demokratischer und

Schloß Vaduz

parlamentarischer Grundlage gewandelt. Die Regierungsgewalt ist auf Fürst und Volk verteilt. Das Land wird derzeit von Fürst Hans Adam II. von Liechtenstein regiert (geboren 1945, Regierungsantritt 1989). Das Volk wählt seinen Landtag (25 Abgeordnete) in direkter und geheimer Wahl jeweils für 4 Jahre. Der Landtag hat das Recht der Gesetzgebung und der Mitwirkung bei der Bestellung der Regierung, die im Namen des Fürsten die Verwaltung des Landes ausübt. Liechtenstein besitzt einen eigenen Staatsgerichtshof.

Das Land verkörpert in seinem kleinen Gebiet einen Querschnitt durch das Alpenland; es steigt von der Rheintalsohle (430 m) bis zum höchsten Berg, dem 2599 m hohen Grauspitz, empor.

PRAKTISCHE HINWEISE

ℹ Liechtensteinische Fremdenverkehrszentrale, Kirchstraße 10, FL-9490 Vaduz, Tel. 0 75/6 62 88.

Verkehrswege:

Die Hauptverkehrsstraßen sind Feldkirch – Vaduz, Vaduz – Balzers – Luziensteig – Maienfeld, Schaan – Buchs, Balzers – Trübbach – Sargans und die Touristenstraßen Vaduz – Malbun und Gaflei. Die einzige Bahnlinie ist die internationale Strecke Zürich – Wien mit der Teilstrecke Schaanwald – Schaan. Es gibt gute Busverbindungen.

Geld:

Die Landeswährung ist der Schweizer Franken.

Briefmarken:

Die Briefmarken des Fürstentums sind bei Philatelisten sehr begehrt.

*

Nendeln (470 m; mit Eschen 3082 Einw.; 6 km). Von hier aus sollte man das stille *Schellenberggebiet* (730 m) besuchen, nicht nur wegen der Aussicht auf die *Drei Schwestern* und den Hauptort *Vaduz*, sondern auch wegen der hübsch gelegenen Dörfer *Mauren* und *Eschen*.

🚂 Feldkirch – Schaan – Buchs.

🚌 Feldkirch – Schaan.

🏨 „Engel“ und „Landhaus“ in Nendeln.
🏠 „Fernsicht“ und „Eintracht“ in Eschen.

Schellenberg (624 m; 812 Einw.). Auf der Höhe liegen eine moderne Kirche und zwei Burgruinen aus dem 12. und 13. Jahrhundert, zu denen Spazierwege führen. Das Denkmal vor der Wirtschaft „Zum Löwen" (1980) erinnert daran, daß 1944 500 Russen nach Liechtenstein flohen, die mit der deutschen Armee die UdSSR attackiert hatten. Dem Auslieferungsbegehren der Sowjetunion 1945 widersetzten sich Fürst und Regierung und verhinderten damit eine Tragödie. Historischer Höhenweg Eschnerberg.

Schaanwald – Ruggell – Schaan.

„Krone".

Eine spätgotische Pfarrkirche steht auf dem Hügel von

Gamprin-Bendern (952 Einw.). In diesem alten Siedlungsgebiet stieß man bei Ausgrabungen auf zahlreiche prähistorische Reste.

Schaanwald – Ruggell – Schaan.

„Deutscher Rhein" in Bendern. –

Schaan (451 m; 4978 Einw.; 11 km). Dieser wichtige Industrieort liegt unter dem mächtigen Massiv der *Drei Schwestern* (2052 m). In dem Ort sieht man den freistehenden Turm der alten Pfarrkirche *St. Laurentius* aus dem 12. Jahrhundert. In 15 Minuten gelangt man zur barocken Wallfahrtskirche *St. Maria zum Trost* auf Dux. Theater am Kirchplatz (TaK). Gemeindemuseum.

Feldkirch – Buchs.

Feldkirch – Buchs, Planken, Ruggell.

„Dux"; „Linde". – „Post". –

Planken (786 m; 300 Einw.; 5 km) ist eine alte Walsersiedlung am Fuß der *Drei Schwestern,* die über den Sarojasattel in fünf Stunden zu besteigen sind (Abstieg über den *Fürstensteig* nach *Gaflei,* dann Bus nach Vaduz).

„Saroja".

*

Über den Rhein erreicht man den Schweizer Ort *Buchs*. In *Werdenberg* stehen viele Holzhäuser unter Denkmalschutz. Das Schloß stammt aus dem 13. Jahrhundert.

*

VADUZ

(460 m; 4870 Einw.; 15 km). Der Ort wird von seinem Wahrzeichen, dem

14

Schloß Vaduz, überragt, in dem die fürstliche Familie residiert. Die ältesten Teile des Schlosses gehen auf das frühe Mittelalter zurück. Es brannte im Schwabenkrieg 1499 aus, wurde wiederaufgebaut und unter Fürst Johann II. 1910 stilgerecht restauriert. *(Keine Besichtigung.)*

Briefmarkenmuseum. Es zeigt eine Liechtensteiner Briefmarkensammlung und eine seit 1921 lückenlose Weltpostsammlung *(🕒 täglich 10–12, 13.30–17.30 Uhr, Nov. bis Ende März tägl. 13.30–17 Uhr; Eintritt frei).*

Im gleichen Gebäude, dem sogenannten *Engländerbau,* befindet sich die

Liechtensteinische Staatliche Kunstsammlung mit Wechselausstellungen (Graphik und Skulpturen des 20. Jhs.; Leihgaben aus den fürstlichen und anderen privaten oder öffentlichen Sammlungen (🕒 *1. April bis 31. Okt. tägl. 10–12, 13.30–17.30, 1. Nov. bis 31. März 10–12, 13.30–17 Uhr; Eintrittsgeb.).*

Liechtensteinisches Landesmuseum. Es enthält sehenswerte urgeschichtliche, römische und alemannische Funde des Landes, sakrale und Goldschmiedekunst, Volkskunst, ein Graphikkabinett und eine Waffensammlung *(🕒 1. Mai bis 31. Okt. täglich 10–12 und 13.30–17.30, 1. Nov. bis 30. April täglich außer montags 14.00–17.30 Uhr; Eintrittsgeb.).*

Liechtensteinische Landesbibliothek. Sie ist Volksbibliothek, wissenschaftliche Bibliothek und Nationalbibliothek zugleich. – Vom

Roten Haus in der *Schloßstraße* bietet sich der schönste Blick auf das Fürstenschloß und in die Rheinebene. Ein bequemer Spaziergang (1 Std.) führt zur Ruine *Wildschloß* mit großartiger Aussicht.

International gerühmt wird der Vaduzer Wein. In der *Hofkellerei des Fürsten von Liechtenstein* kann man die Eigenbauweine aus den privaten Weingütern des Fürsten kosten (Voranmeldung unter Tel. 0 75/2 10 18 erforderlich).

Rotes Haus in Vaduz

ⓘ Verkehrsbüro, Städtle 37, FL-9490 Vaduz, Tel. 0 75/2 14 43.

🚌 Schaan – Balzers, Malbun.

🏠🏠🏠 „Sonnenhof“; „Real“; „Schlössle“; „Löwen“.
🏠🏠 „Engel“; „Mühle“; „Vaduzerhof“; „Landhaus Prasch“. – 🏠 „Falknis“.
⛺ Schaan-Vaduz.

Triesen (462 m; 3506 Einw.; 18 km). Die *Marienkapelle* im Unterdorf mit Barockaltären sowie die spätgotische *Mamertus-Kapelle* im Oberdorf werden viel besucht. Das Dorf ist keltischen Ursprungs. Ein markierter Fußweg (1 Std.) führt zum *Schloß Vaduz.*

🚌 Schaan – Balzers.

🏠🏠🏠 „Schloßwald“.
🏠🏠 „Schatzmann“; „Meierhof“.
🏠 „Schäfle“; „Sonne“.
⛺ „Mittagspitze“ (zwischen Triesen und Balzers).

Ausflüge:

Empfehlenswert für gute Fußgänger ist die Wanderung von Triesen in das wildromantische *Lawenatal* unter dem kühlen *Falknis* (2562 m) und zum Aussichtspunkt *Platta* (1450 m).

In zahlreichen Kurven fährt man von Vaduz und Triesen in das Dorf

Triesenberg (884 m; 2380 Einw.; 22 km). Es wurde Ende des 13. Jahrhunderts von Walsern besiedelt. Lohnend ist der Besuch des *Walser-Heimatmuseums.* Von hier kann man zahlreiche Spaziergänge unternehmen, die alle eine schöne Aussicht in das Rheintal versprechen.

🚌 Vaduz – Malbun, Gaflei (nur im Sommer).

🏠🏠🏠 „Kulm“. – 🏠🏠 „M. Bühler“. – 🏠 „Samina“; „Rizlina“.

Ausflüge:

Zu den Weilern *Lavadina, Steinort, Wangerberg* und *Rotenboden* führen bequeme Nebenstraßen und Spazierwege. Der schönste Ausflug berührt die alte Walsersiedlung *Masescha* (1250 m) mit dem Kirchlein *St. Theodul* aus dem 14. Jahrhundert, von der man eine wunderbare Aussicht in die umliegenden Täler genießen kann, und endet in *Gaflei* (im Sommer Busverbindung).

Für geübte Wanderer beginnt in Gaflei der Aufstieg zum „Fürstensteig" Richtung *Gafleispitz* (Abstieg nach Schaan möglich) und weiter über den *Kuhgrat* (2123 m) zu den *Drei Schwestern* (Abstieg über den Saroyasattel nach Planken oder Amerlügen).

Hübsche Fußwege (ca. 1½ Std.) führen von Masescha oder Gaflei zum Bergdorf *Silum* (1500 m).

⌂ „Berggasthof Silum".

Von Triesenberg führt die gute, aber kurvenreiche Straße hinauf zum Straßentunnel (740 m), der unter dem *Kulm* nach

Steg (1303 m; 25 km) führt, dem Erholungszentrum im oberen *Saminatal*. Der Blick auf den *Naafkopf* (2571 m) und das *Valünagebiet* ist sehr eindrucksvoll. In diesem Gebiet gibt es große Viehherden, zu deren malerischem Alpabtrieb sich im Herbst viele Schaulustige einfinden. Das Bergkirchlein stammt von 1800.

🚌 Vaduz – Malbun.

⌂ „Berggasthof Sücka"; „Steg".

Kapelle in Steg

Ausflüge:

Zur *Pfälzerhütte* (2111 m) des Alpenvereins von Liechtenstein, welche die Besteigung des *Naafkopfes* (2571 m) erleichtert, führt eine Straße nach *Gritsch*, dann markierter Weg (3 Std.). Die Unterkunftshütte ist im Sommer bewirtschaftet; von dort sind es 2 Stunden zum *Nenzinger Himmel* (s. S. 56). Der *Liechtensteiner Weg* zur *Mannheimer Hütte* (4 Std.) sollte nur von guten Bergsteigern begangen werden.

Von *Steg* geht es nochmals stark bergauf zum Winterparadies

Malbun (1599 m; 28 km). Eine Sesselbahn schwebt zum *Sareiser Joch* (2000 m) hinauf. Hier gibt es eine Sonnenterrasse mit großartigem Ausblick zum *Nenzinger Himmel* und zum *Felsmassiv* der *Schesaplana* (2965 m). Die Skipisten werden bis April präpariert. Im Sommer ist von hier eine leichte Gratwanderung über den *Augustenberg* (2359 m) zum *Bettlerjoch* (Pfälzer Hütte; 2108 m) mit abwechslungsreicher Alpenflora möglich. Zum *Nenzinger Himmel* (Gamperdonatal, Vorarlberg) gelangt man in zwei Stunden (nur für geübte Bergwanderer geeignet).

🚌 Vaduz.

⌂⌂⌂ „Gorfion"; „Malbuner Hof"; „Montana"; „Alpenhotel Malbun".
⌂⌂ „Alpina"; „Galina"; „Turna".
⌂ „Walserhof".

Die Rückfahrt von Malbun über Triesen nach Vaduz (14 km) sollte man genießen, denn der Blick auf das Rheintal und zur Säntisgruppe ist großartig.

Von Vaduz am unteren Ortsteil Triesen vorüber, unter Rappenstein und Mittagspitze (1857 m) vorbei, geht die Fahrt nach

Balzers (474 m; 3700 Einw.; 46 km), der südlichsten Gemeinde des Fürstentums. Auf kegelförmigem, weinbepflanzten Hügel steht die weithin sichtbare *Burg Gutenberg* (526 m; keine Besichtigung). Im Ortsteil *Mäls* ist die gotische Kapelle St. Peter beachtenswert. Vor den steilen Felswänden der *Guschaspitze* liegt die kleine Wallfahrtskapelle Mariahilf.

🚌 Vaduz – Sargans (Schweiz).

⌂ „Post"; „Traube".

Die Schweizer Grenze wird am Rhein bei

Trübbach (53 km) erreicht, wo Anschluß an die schweizerische Rheintalautobahn nach *Chur, Zürich* und *St. Margrethen–St. Gallen* besteht.

Will man nach Graubünden weiterfahren, gibt es eine neben der Autobahn gelegene, landschaftlich reizvolle Strecke. Man fährt von *Balzers* durch herrlichen Laubwald an der Grenzfestung *Luziensteig* vorbei zum Wallfahrtsort Luziensteig (713 m) mit der interessanten Kirche, dann abwärts durch Eichenwälder zum *Heidibrunnen*, dem Andenken an die Schweizer Schriftstellerin Johanna Spyri, und nach einem überraschend schönen Ausblick auf das Rheingebiet hinab in das malerische Städtchen *Maienfeld* (8 km) mit mächtigen Häusern im Bündnerstil, Burgruine und Rathaus. Die Strecke durch den Luziensteig eignet sich auch für die Rückkehr aus Graubünden oder dem Zürcher Gebiet.

Register